中國藝術研究院

年报

Chinese National Academy of Arts
Yearsbook, 2014

2014

文化藝術出版社
Culture and Art Publishing House

图书在版编目（CIP）数据

中国艺术研究院年报. 2014 / 贾磊磊主编. -- 北京:
文化艺术出版社, 2015.12
ISBN 978-7-5039-6052-9

Ⅰ. ①中… Ⅱ. ①贾… Ⅲ. ①艺术—研究—中国—
2014—年报 Ⅳ. ①J12-54

中国版本图书馆CIP数据核字（2015）第251703号

中国艺术研究院年报2014

主　　编　贾磊磊
责任编辑　陶　玮　徐建华　周　焘
封面设计　李　鹏
出版发行　文化艺术出版社
地　　址　北京市东城区东四八条52号（100700）
网　　址　www.whyscbs.com
电子邮箱　whysbooks@263.net
电　　话　（010）84057666（总编室）　84057667（办公室）
　　　　　84057691—84057699（发行部）
传　　真　（010）84057660（总编室）　84057670（办公室）
　　　　　84057690（发行部）
经　　销　新华书店
印　　刷　北京圣彩虹制版印刷技术有限公司
版　　次　2016年11月第1版
印　　次　2016年11月第1次印刷
开　　本　889毫米×1194毫米　1/16
印　　张　13
字　　数　200千字
书　　号　ISBN 978-7-5039-6052-9
定　　价　60.00 元

编辑委员会

2014年1月17日，“汇聚正能量　书写中国梦 —— 文艺创作塑造中国梦”座谈会在中国艺术研究院召开。（刘晓辉　摄）

“汇聚正能量　书写中国梦 —— 文艺创作塑造中国梦”座谈会主席台。左起：中国艺术研究院副院长贾磊磊、中国艺术研究院院长王文章、中宣部文艺局局长孟祥林、文艺局副局长刘新风。(刘晓辉　摄)

2014年3月28日，百集大型人物传记纪录片《百年巨匠》新闻发布会在中国艺术研究举行。（刘晓辉　摄）

2014年2月18日，中国艺术研究院影视艺术研究所主办的“中国梦与中国电影国际传播研讨会”在中国艺术研究院举行。（刘晓辉　摄）

2014年3月14日，中国艺术研究院院长王文章在“中国艺术研究院研究生院助学基金捐赠仪式”上讲话。（张建生　摄）

2014年3月14日，中国艺术研究院副院长田黎明代表捐赠者在“中国艺术研究院研究生院助学基金捐赠仪式”上讲话。（张建生　摄）

2014年4月26日，中国艺术研究院院长王文章在中国艺术研究院艺术创作院“‘辟雍雅集·大美寻源’笔会暨当代优秀书画家作品展”开幕式上讲话。（刘晓辉　摄）

2014年4月26日，中国艺术研究院文学院院长、诺贝尔文学奖获得者莫言在“‘辟雍雅集·大美寻源’笔会暨当代优秀书画家作品展”开幕式上致辞。（刘晓辉　摄）

2014年6月17－18日，“城镇化进程中的非物质文化遗产保护论坛”在中国艺术研究院召开。（刘晓辉　摄）

2014年5月28－29日，联合国教科文组织亚太地区非物质文化遗产国际培训中心管理委员会第三次会议在北京召开。（刘晓辉　摄）

2014年6月2日，“文艺评论：新的方向与可能性——第二届全国青年文艺论坛”在中国艺术研究院召开。（张建生　摄）

2014年6月2日，“文艺评论：新的方向与可能性——第二届全国青年文艺论坛”主席台。（张建生　摄）

2014年6月6日，中国艺术研究院院长王文章在第三届“中华非物质文化遗产传承人薪传奖”暨“中华非物质文化遗产保护贡献奖”颁奖仪式上讲话。（张建生　摄）

2014年6月6日，第三届“中华非物质文化遗产传承人薪传奖”暨“中华非物质文化遗产保护贡献奖”颁奖仪式合影。（张建生　摄）

2014年7月12日，“大道书怀 —— 中国艺术研究院中国书法院成立十周年书法作品展”开幕式于北京中国美术馆举办。（刘晓辉　摄）

“澄怀味象 —— 中国艺术研究院中国画院第三届院展”开幕式在中国美术馆举办。（张建生　摄）

2014年8月28日，中国艺术研究院音乐研究所主办的“探索中华礼乐文明新体系学术研讨会”召开。（刘晓辉　摄）

2014年7月25日，中国艺术研究院中国篆刻院院长骆芃芃在“金石永寿——中国艺术研究院中国篆刻院第三届院展暨国际邀请展及研讨会”上致辞。（刘晓辉 摄）

2014年8月24日，文化部副部长杨志今（左三），中国艺术研究院院长王文章（右三），中国文联副主席李前光（左二），中宣部文艺局局长汤恒（右二），中国摄影家协会主席、分党组书记王瑶（右一），中国国家博物馆长吕章申等领导在国家博物馆开启“中国人 中国梦”摄影艺术展。（张建生 摄）

2014年8月29日，中宣部副部长黄坤明（中），中国艺术研究院院长王文章（左二），中国国家博物馆馆长吕章申（右二），中国艺术研究院院长助理、摄影艺术研究所所长李树峰（右）参观“中国人 中国梦”摄影艺术展。（张建生　摄）

2014年10月，由中国艺术研究院与欧盟文化中心合作组织共同主办的“第六届中欧文化对话”在罗马尼亚举行。（谌强　摄）

“第六届中欧文化对话”代表互赠纪念品。（谌强　摄）

2014年12月6日，中国当代工艺美术双年展在中国国家博物馆举办。（张建生　摄）

2014年9月3日，中俄油画创作高级研修班开班式暨“如见故人来——俄罗斯油画作品展”“忘我之真——源于传统的当代意大利绘画艺术展”在中国艺术研究院中国油画院开幕，中国艺术研究院院长王文章（右四）、俄罗斯人民艺术家、俄罗斯艺术科学院院士、俄罗斯列宾美术学院安德烈·布里奥克（右五）等在开幕式上合影。（谌强　摄）

目　录

总　述

2014年，我院在文化部党组的领导下，在院领导班子的带领下，全院人员齐心协力，携手并肩，围绕着弘扬中国梦、实现中华民族伟大复兴的战略目标，在艺术科研、艺术创作、艺术教育三位一体的发展道路上奋勇前进，完成了文化部交予的各项任务，为国家文化艺术事业的繁荣与发展、特别是对国家艺术领域的学术研究做出了应有的贡献。

一、坚定不移地贯彻执行党的各项方针政策，努力加强党的领导与政治思想工作

我院坚定不移地贯彻执行党中央各项方针政策，始终如一地坚持正确的政治导向，围绕着党和国家的中心任务积极、努力地开展工作。院党委认真学习领会十八届三中、四中全会以及习近平总书记一系列重要讲话，特别是习近平总书记在文艺工作座谈会上的重要讲话精神实质，使其成为开展所有工作的航标。院党委分别组织党委成员、著名学者和艺术家、理论中心组、全院干部职工深入学习习近平总书记在文艺工作座谈会上的重要讲话，并制定了贯彻落实习近平总书记讲话精神的具体措施。

我院严格落实中央八项规定精神，坚决纠正“四风”，按照党中央的战略部署和文化部的具体安排，从坚持党的领导、完善规章制度、遵守政策法规方面做好反腐倡廉工作。

二、深化艺术的基础理论研究与现实对策研究

我院将科研工作视为重中之重，一直坚持艺术史论的基础性研究，同时根据国家文化艺术发展的需要，不断加强对现实问题的研究，特别是高度重视对事关我国文化艺术发展全局性、前瞻性的理论和实践问题进行对策性研究，强化理论与实践相互结合，在这方面取得了丰硕成果。

本年，我院申报科研项目立项的多项数据较去年都有显著提高。课题负责人年龄为45岁以下的青年学者的项目，占全院总立项项目近60%，反映出全院已形成较为合理的艺术研究人才梯队。本年还组织开展了院2014年招标课题的申报。

两项课题立项院招标课题；21 项课题作为《2014 年中国艺术各门类年度发展研究报告》子课题，立项为院指定课题；1 项获批立项院内课题。

本年，我院全面开展对中国艺术发展现实趋势与问题的研究，完成了《2013 年中国艺术各门类年度发展研究报告》的结题和推广工作，该报告的 14 个子课题成果已于年初全部发表在《中国文化报》、《中国艺术报》等各大报刊，反响良好。

2014 年是国家艺术基金资助项目申报的第一年。我院有 35 位专家入选国家艺术基金专家委员会，所申报的 3 个机构项目——“中国福建木偶戏在亚太地区的传播交流推广”、“影像‘中国梦’摄影艺术展”、“篆刻艺术青年人才培养”全部立项。

全面展示我院学术研究成果的“中国艺术研究院学术文库”第一批 48 部著作、《昆曲艺术大典》已陆续出版；《中国艺术年鉴 2012 年卷》出版发行。

公共文化政策研究中心作为国家文化财政政策研究基地，集中力量完成文化部和财政部下达的研究课题，继续就《深化乡镇公益性文化机构年度运行经费测算及分摊保障比例研究》、《城镇化建设过程中文化设施建设及运行研究》、《各级美术馆运行保障经费测算研究》三项课题进行深入研究，同时受文化部艺术司委托，还承担了编译《国外促进文化艺术繁荣政策法规读本》的课题。

为了规范学术评价、推进学风建设，我院将原有的院学术评议委员会与院学位委员会合并，成立院学术（学位）委员会，院领导班子成员不担任院学术（学位）委员会的领导职务，弱化行政色彩，强化学术自主、自律。开展了 2014 年院优秀科研成果奖的评选，共评出 17 项获奖成果，激励了科研人员的学术热情，发挥了科研管理的引导作用。

本年，我院积极举办各种学术活动，“汇聚正能量　抒写中国梦——文艺创作塑造中国梦座谈会”是一次国内艺术界研讨文艺创作如何体现中国梦与社会主义核心价值观的重要学术会议；“李希凡先生从事学术研究 60 周年暨《李希凡文集》出版座谈会”、“当代戏曲艺术理论研讨会”、“中国梦与中国电影国际传播研讨会”、“《杨荫浏纪念文集》和音乐研究所在职人员文集《薪传代继》出版学术座谈会”、“探索礼乐文明新体系学术研讨会”、“扬州曲艺进京学术观摩展演”及“扬州评话传承发展学术研讨会”、“2014 中国艺术人类学国际学术研讨会”等也均在专业领域产生了良好反响。马克思主义文艺理论研究所举办了第二届、第三届“全国青年文艺论坛”，总计举办了12期青年文艺论坛，还定期举办马克思主义文艺理论论坛，在马列文论界产生了重要影响。文化战略中心与腾讯公司共同主办的“第二届互动娱乐艺术高峰论坛”，第五届中国（高密）红高粱文化节期间举办的“莫言对中国文学的影响”学术研讨会也均获得了良好的社会影响。院属各所通过举办“影视大讲堂”、“惠新讲坛”、“王朝闻学术讲坛”等学术讲座，促进了科研人员面对面的交流。

三、全面提升艺术教育质量，不断完善各项规章制度

本年，我院研究生院保持了良好的发展态势，硕、博士研究生报名人数逐年递增。研究生院艺术硕士（MFA）招生取得很大进展，增设“书画鉴定与文物保护”方向，聘请多位国家级非遗项目代表性传承人招收“传统技艺研究”方向研究生，把“师徒相传”的模式开创性地引入研究生教育培养体系。2014年录取艺术硕士50人，录取平均成绩为全国艺术院校第一名，为此，国务院学位委员会办公室将研究生院2015年艺术硕士招生规模由50人扩大到75人。

本年，研究生院针对各专业的特点和要求，按需设课、因材施教，使课程结构和课时更趋合理。注重实践类研究生的人才培养，充分利用院创研基地，开设实践类美术学专业研究生的写生课程。研究生院还开展了如“与大师面对面”、“名师讲坛”等一系列高规格、高水准的学术对话交流活动及学术讲座，以及艺术学导论、艺术人类学前沿等专题系列讲座。

本年，研究生院在申报国家外国专家局的引智项目上实现重大突破，共有三个“高端外国专家”项目和一个“世界前沿论坛”项目获批通过，前者分别是英国杜伦大学罗伯特·莱顿教授的“景德镇陶瓷文化百年变迁”，美国斯坦福大学杨晓能教授的“百年山水：困惑、探索与创新”，以及俄罗斯专家团队类项目“2014中俄油画创作高级研修班”。

本年，我院因重点文化援疆项目“新疆非物质文化遗产定向培训班”的成功举办，在“中央民族工作会议暨国务院第六次全国民族团结进步表彰大会”上荣获“全国民族团结进步模范集体”荣誉称号，是文化部系统唯一获此表彰的集体。

为表彰品学兼优的学生，排除经济困难学生的后顾之忧，不断完善资助和奖励政策，研究生院首次设立了院长奖学金。

四、引领当代艺术创作走向，积极践行“深入生活、扎根人民”系列活动

本年，我院各创作部门举办了一系列重要的展览和活动。

5月，我院深圳凤凰创作研究基地揭牌仪式暨文博会凤凰古村落文化旅游集聚区分会场开幕式举行。深圳文博会期间，我院和深圳宝安区人民政府联合主办了一系列高端文化活动，包括“丹青凤凰——中国艺术研究院美术作品展”、“中华巧艺——中国深圳非物质文化遗产百项技艺联展”和凤凰书院“凤凰中华艺文讲堂”系列讲座。

“澄怀味象——中国艺术研究院中国画院第三届院展”、“金石永寿——中国艺术研究院中国篆刻艺术院第三届院展暨国际邀请展”、“大道书怀——中国艺术研究院中国书法院成立十周年书法作品展”、“空间·境像——朱乐耕当代陶艺展”及“朱乐耕陶艺术研讨会”、“2014青岛文化艺术季闭幕展暨‘弘文焕采’——当代中国画名家精品展”、“艺术时空——中国艺术研究院书画展”、“传承经典·收藏文明：中国首届篆刻艺术名家作品收藏展暨中国（广西）篆刻艺术馆二期落成仪式”及研讨会、“笔墨踪旅——中国书法院书法作品巡回展”等展览和活动，全面展现了我院艺术家们的艺术风采，社会反响良好。

我院中国油画院承办了“中俄油画创作高级研修班”项目，并举办“澄怀观道——中国油画院课题组学术研究展”等国内展览及“如见故人来——俄罗斯油画作品展”等国际展览。艺术创作院举办了“大美寻源”系列画展。

10月，成立仅一年的我院中国版画院在宋庄艺术新区设立创研中心，并举办了“瞭望之塔”中国版画名家邀请展、“即刻”青年版画家邀请展。

梅兰芳纪念馆开展纪念梅兰芳诞辰120周年系列活动。召开“梅兰芳表演体系国际学术研讨会”，来自中、俄、法、日、韩、新加坡等国家及中国台湾地区的六十多位海内外专家参加了研讨会；举办“纪念梅兰芳诞辰120周年展——文化大使梅兰芳”展览；编辑出版“梅兰芳艺术大系”丛书；与宋庆龄故居、鲁迅故居等八家北京名人故居纪念馆一起，受土耳其伊斯坦布尔新生大学（Dogus Vniversity）外国语学院邀请，赴土耳其举办“中华名人展”大型展览。

值得一提的是，我院中国篆刻艺术院为法兰克福书展《习近平谈治国理政》一书首发式制作了“治国理政”四字的篆刻，为李克强总理制作了参加第十届亚

欧首脑会议赠送欧洲理事会主席范龙佩和欧盟委员会主席巴罗佐的篆刻印章。

五、推进"非遗"保护工作向专门化、系列化、国际化发展

本年，我院的"非遗"保护工作取得了重要进展。通过积极申报，"篆刻艺术"成功列入国家级非物质文化遗产项目。

本年，非物质文化遗产保护中心（以下简称"中心"）举办了许多大型活动，如"中国非物质文化遗产年俗文化展示周"、"海峡两岸非物质文化遗产联展"、"福建文化宝岛行——福建优秀舞台剧（节）目赴台巡演"等，增强了全社会的"非遗"保护意识。"中心"还参与中央电视台中文国际频道"寻找两岸文化传人"专题纪录片策划，承办"城镇化进程中的非物质文化遗产保护论坛"和"第三届中国非物质文化遗产博览会——文化生态保护区建设论坛"。"中心"秉持"政府主导、社会参与"的原则，为促进社会力量参与"非遗"保护，举办了"第三届'中华非物质文化遗产传承人薪传奖'颁奖仪式"和"2014'BMW中国文化之旅'"。受文化部非遗司委托，"中心"就建立"拉萨河文化生态保护实验区"进行考察并召开建设情况汇报暨专家意见反馈会。召开"《文化部关于加强非物质文化遗产抢救性保护的指导意见》（讨论稿）及'抢救性记录工程'业务标准（试用稿）、技术标准（草案）研讨会"，推动抢救性记录工程顺利进行。"中心"还承担了"'十三五'时期非物质文化遗产保护传承研究课题"，年底完成课题中期任务。出版《中国非物质文化遗产年鉴2010年》等。

本年，亚太地区非物质文化遗产国际培训中心（以下简称"亚太中心"）积极向国际社会宣传推介我国"非遗"保护的经验与成果，在境内外开展培训班和研修班、召开国际会议、参加国际合作和交流等。"亚太中心"陆续举办了"《保护非物质文化遗产公约》'批约'和'履约'培训班"、"第二届欢乐春节高级研修班"；在柬埔寨主办了"以社区为基础的非物质文化遗产清单制定培训班"；在萨摩亚阿皮亚主办了"南太平洋地区传统房屋建造技艺的振兴与可持续发展研修班"。"亚太中心"还召开了"非物质文化遗产保护经验交流会"，中国、联合国教科文组织及阿塞拜疆、匈牙利、以色列等8国常驻联合国教科文组织代表等三十余人参会。"亚太中心"开展国际合作项目，与韩国亚太中心合作撰写《中国非物质文化遗产保护现状报告》，此系首次与联合国教科文组织支持下的其他

二类中心开展实质性合作。“亚太中心”派员参加“联合国教科文组织《保护非物质文化遗产公约》缔约国大会第五次会议”和“第二届联合国教科文组织保护非物质文化遗产二类中心联席会议”、“小岛屿发展中国家非物质文化遗产保护与可持续发展会议”等国际会议，积极开展国际交流。本年，还召开了管委会第三次会议和咨委会第二次会议。

“非遗”数字化保护中心（以下简称“数字化中心”）举办了“全国非物质文化遗产数字化保护摄影摄像专题培训班”。完成“国家级非物质文化遗产代表性传承人抢救性记录工程技术标准”的编制工作。开展四校一院协同创新合作，与中山大学、哈尔滨工业大学、华中师范大学、厦门大学联合成立“文化遗产传承与数字化保护协同创新中心”。

本年，我院继续推进“十二五”国家重大文化设施建设项目“非遗”、工美两馆的建设。

六、坚持正确导向，坚持社会效益第一，不断扩大期刊出版的学术影响与社会影响

院属各期刊杂志社坚持正确导向，坚持把社会效益放在首位，并注重经济效益和社会效益的统一，不断提高办刊质量，扩大学术影响与社会影响。

本年，《文艺研究》继续在全国同行期刊中保持领先水平，举办了“第五届华文诗学名家国际论坛”暨“印象武隆”诗歌采风。来自内地和港澳台地区及荷兰、新西兰、日本、新加坡等国家的一百二十余位诗人、学者出席了论坛。

本年，《中国摄影家》着重加强对国外摄影家和事件的关注和研究，还开展了一些大型摄影活动。“‘中国人 中国梦’摄影艺术展”以“汇聚正能量，抒写中国梦——摄影创作塑造中国梦”为主题，展出的作品生动地呈现了中国人民为实现民族复兴的伟大梦想所进行的奋斗与探索，是一次以摄影艺术抒写中国梦的出色实践。另外，还举办或参与举办“2014百名摄影家走进‘刊博会’摄影大赛”、“北京国际摄影周2014”等活动，并开展多项全国摄影大展的征稿和评选。

本年，《美术观察》被列入中文社会科学引文索引CSSCI来源期刊，并举办了第四届“艺舟双楫——《美术观察》同仁作品展”及“中国当代美术评价体系学术研讨会”。《红楼梦学刊》连续两年被国家社科基金管理中心列为资助期刊。《中

华文化画报》、《艺术评论》、《中国艺术时空》、《中国音乐学》、《文艺理论与批评》、《中国文化》、《传记文学》等努力提高出刊质量，均取得良好成绩。

文化艺术出版社2014年度共出版图书250余种，发货码洋3500余万元。出版社参加2014年法兰克福国际书展，主打非遗类图书品牌。在《“海外馆藏：中国图书世界影响力”报告》所选出的“2013中国图书世界影响力出版100强”中位列第72位，充分说明了出版社“走出去”工作所取得的成效。本年新申报“十二五”重点图书出版增补项目5项，《国家级非物质文化遗产项目代表性传承人大典》被增补为“十二五”国家重点图书。

七、继续加强对外文化交流，促进中国文化走出去

我院积极推进对外文化交流，努力实行中国文化走出去的国家战略，国际学术影响力不断扩大。

本年，由我院与欧盟文化中心合作组织共同主办的“第六届中欧文化对话”在罗马尼亚举行，中欧学者、艺术家等进行了深入交流，期间还举办了以我院艺术家为主体的“中国视觉与造型艺术展”。

本年，我院着眼于国外《红楼梦》的研究与传播情况和中国文化的海外传播，加强与国外红学研究者的联系。在捷克共和国帕拉茨基大学召开了“欧洲《红楼梦》多语种译介与海外红学研究研讨会”，还与斯洛伐克—中国友好协会和斯洛伐克欧洲中国中心在布拉迪斯拉发联合举办了“大观园文化沙龙”。为庆祝中蒙建交65周年，加强两国文化交流与合作，我院版画院与乌兰巴托中国文化中心、蒙古国国家美术馆在乌兰巴托主办了“版画中国——当代民族版画国际巡展”，展览及展出作品受到蒙古国文化艺术界领导的高度评价。

作为文化部两岸文化研究基地，我院战略中心定期撰写《台湾文化研究动态》、《台湾文化简报》，举办“海峡两岸文化发展论坛”，加强与各台湾文化研究机构的合作与沟通，推动两岸文化交流工作，承担了“第五届两岸汉字艺术节”的组织工作，并在活动期间举办“翰墨千秋·金石永年——第五届两岸汉字艺术书法篆刻作品展”和“第五届两岸汉字艺术节论坛”。“两岸汉字艺术节”作为高规格、高水平、高品质的两岸艺术交流平台，已经成为国台办、部台办重要的对台交流项目。

八、积极参与公共文化服务事业，推动社会公益活动

本年，我院继续参与由文化部牵头组织的 2014 年“春雨工程——全国文化志愿者边疆行活动”，以大讲堂的形式，将文化艺术及非遗保护等知识的普及引入基层公共文化建设，以提高群众文化艺术素养和审美水平，满足人民群众多样化、多层次精神文化需求，让人民群众共享文化发展成果。此次志愿服务活动涉及 5 个边疆地区，共计举办 14 场讲座。

2013 年，我院话剧所“小品进社区”项目入选国家文化创新工程重点项目。经过一年的准备，于 2014 年 8 月在青岛市黄岛区举办了首届“黄岛区社区小品展演”活动。我院组织艺术家为扶贫结对单位山西娄烦捐赠书法作品，支持娄烦旅游文化建设。

九、积极做好行政后勤保障，服务于全院中心工作

院内各行政部门不断加强服务意识，认真履行职责，协调配合保障工作正常开展。同时注重关心在职、离退休人员的生活福利待遇。

加强预算管理和执行，将工作落到实处，推广公务卡使用结算。创新人事管理方式，提高办事效率。积极配合中宣部人才局来我院对人才工作调研，撰写《中国艺术研究院人才工作经验总结》上报文化部和中宣部。图书馆继续以音像资源数字化为重点，进行音频、视频、图片资料的回溯建库与数字化采集，开展“中国戏曲剧种音像资料数字化工程”，接受了一些有重要价值的社会捐赠以充实丰富馆藏，今年被文化部、国家古籍保护中心授予“全国古籍保护先进单位”称号。完成学术报告厅工程建设，并加强信息、安保工作。进一步完善人事、财务、基建、经济合同等制度的建设工作。

特　辑

1. 我院举行“汇聚正能量 抒写中国梦——文艺创作塑造中国梦座谈会”

1 月 17 日，我院举行“汇聚正能量 抒写中国梦——文艺创作塑造中国梦座谈会”。此次座谈会是国内艺术界研讨文艺创作如何体现中国梦与社会主义核心价值观的重要学术会议，旨在强调文艺创作如何从艺术自身规律出发，坚持以人民为中心的创作导向，以文学艺术的方式表现中国梦的丰富精神内涵，表现当代中国实现民族复兴、国家富强、人民幸福的伟大实践。

2. 我院举行“中国艺术研究院学习‘习近平总书记在文艺工作座谈会上的讲话’座谈会”

10 月 17 日，我院召开“中国艺术研究院学习‘习近平总书记在文艺工作座谈会上的讲话’座谈会”。

王文章院长、范曾、莫言、杨飞云，以及我院的三十余位学者、艺术家参加了会议，我院副院长吕品田主持。范曾、莫言、杨飞云介绍了聆听习总书记在文艺座谈会上讲话的体会和理解，王文章院长依据讲话精神，结合艺术现实状况对我院的发展目标及任务职责作了明确的阐释。刘梦溪、王列生、方宁、陈孟昕、赵卫防、刘万鸣、牛克诚、李云雷、汪国真、贾宝兰、刘青弋、贾志刚、孙伟科、杨斌、王磊也积极参与发言，表达了学习习总书记讲话的振奋之情和所获得的深刻启发。

3. “第五届两岸汉字艺术节”在江苏省常熟市举行

9 月 22 日至 23 日，由我院、中华文化联谊会与中华文化总会共同举办的“第五届两岸汉字艺术节”在江苏省常熟市举行。

第十一届全国人大常委会副委员长华建敏，中华文化总会会长刘兆玄，江苏省政府副省长曹卫星，海峡两岸关系协会副会长孙亚夫，我院常务副院长、中国画院院长田黎明，副院长贾磊磊，终身研究员范曾，中华文化总会秘书长杨渡，中华文化联谊会副秘书长李立言，江苏省人大常委会副秘书长唐健，江苏省委宣传部副部长章剑华，江苏省台办副主任王少邦、张为，江苏省文化厅副厅长吴晓林，苏州市人大常委会副主任周玉龙，常熟市委书记惠建林，常熟市人民政府市长王飚，以及来自海峡两岸文化艺术界的近百位专家、学者和艺术家出席了开幕式。开幕式由王飚市长主持。

4. 第六届中欧文化对话举行

10 月 16 日至 18 日，我院与欧盟文化中心合作组织共同主办的“第六届中欧文化对话”在罗马尼亚举行。本届中欧文化对话以“公共空间：欧盟与中国分享观念”为主题，我院副院长贾磊磊、欧盟文化中心合作组织主席安妮卡·任贝、罗马尼亚议会众议长瓦列留·兹格内亚、罗马尼亚文化院主席利连·赞非罗尤出席开幕式并致开幕辞；第六届中欧文化对话策划人玛丽·麦卡锡，我院院长助理、文化发展战略研究中心主任、摄影所所长李树峰，罗马尼亚文化院副院长利维乌·塞巴斯蒂安·基克曼以及欧盟文化中心合作组织前任主席芬·安德森分别致闭幕辞。中国驻罗马尼亚大使霍玉珍、中国驻罗马尼亚大使馆文化参赞闫建武、罗马尼亚文化部国务秘书奥普雷安、欧盟委员会罗马尼亚副会长尤利娅·德启、罗马尼亚参议院文化委员会主席赛文瑞以及来自中国和罗马尼亚、奥地利、瑞典、爱尔兰、德国、法国、拉脱维亚、捷克、比利时等欧盟成员国的文化机构代表、学者八十余人出席了论坛。

5. “第三届中华非物质文化遗产传承人薪传奖”和“中华非物质文化遗产保护贡献奖”颁奖仪式在我院举行

6 月 6 日，由我院主办的“第三届中华非物质文化遗产传承人薪传奖”和“中华非物质文化遗产保护贡献奖”颁奖仪式在我院举行。

我院院长、中国非物质文化遗产保护中心主任王文章，文化部非物质文化遗产司司长马文辉，副司长马盛德、王福州，中国泛海控股集团有限公司董事、副总裁徐建兵，华晨宝马汽车有限公司高级副总裁雷小阳，我院党委书记、副院长兼中国工艺美术馆馆长高显莉，副院长吕品田、牛根富、贾磊磊、刘宏昌，院长助理李树峰，中国非物质文化遗产保护中心常务副主任罗微，我国非物质文化遗产保护方面的有关专家，各省（直辖市、自治区）文化厅（局）及新疆生产建设兵团文化广播电视局的代表，有关媒体代表与获奖者代表共计一百五十余人出席了颁奖仪式。颁奖仪式由牛根富副院长主持，王文章院长在颁奖仪式上致辞，对获奖者表示衷心的祝贺。

6. 2014“汉学与当代中国”座谈会在北京举行

10月28日至30日，由文化部和中国社会科学院主办，我院和中外文化交流中心承办，国家图书馆协办的2014“汉学与当代中国”座谈会在北京举行。文化部部长蔡武、文化部副部长董伟、中国社会科学院副院长李培林、我院院长王文章、文化部外联局局长张爱平、文化部外联局副局长孙建华、中国社会科学院国际合作局副局长周云帆、中外文化交流中心主任于芃、中外文化交流中心副主任严振全等出席了开幕式。我院副院长贾磊磊，我院终身研究员、中国文化研究所所长刘梦溪作为中方专家出席会议，并作了主旨发言。

7. 我院研究生院荣获“全国民族团结进步模范集体”荣誉称号

9月28日，中央民族工作会议暨国务院第六次全国民族团结进步表彰大会在北京举行，我院研究生院荣获“全国民族团结进步模范集体”荣誉称号。

8. 我院举行“中国艺术研究院研究生院助学基金”捐赠仪式

3月14日，我院举行“中国艺术研究院研究生院助学基金”捐赠仪式。我院院长王文章，党委书记、副院长高显莉，常务副院长王能宪，副院长兼中国画院院长田黎明，副院长兼研究生院院长吕品田，副院长牛根富、贾磊磊，我院特聘研究员、著名书法家欧阳中石，全国政协常委、中国泛海控股集团有限公司董事长卢志强，我院艺术创作研究院院长朱乐耕，中国油画院院长杨飞云，美术研究所所长、中国雕塑院院长吴为山，研究生院党委书记、副院长李新风，研究生院副院长陈孟昕、张海玲，首都师范大学纪委书记潘亮，首都师范大学中国书法文化研究院副院长宗成振以及我院研究生院师生出席了仪式。

9. “百集大型人物传记纪录片《百年巨匠》新闻发布会”在我院举行

3月28日，由我院、中央电视台、中央新影集团、中国民生银行主办，北京银谷艺术馆、百年艺尊（北京）文化传播有限公司承办的“百集大型人物传记纪录片《百年巨匠》新闻发布会”在我院举行。

文化部部长蔡武，中宣部原副部长龚心瀚，我院院长、中国非物质文化遗产保护中心主任王文章，中国文联副主席、中国美术家协会主席刘大为，中央电视台副台长、中央新影集团总裁高峰，文化部艺术司副巡视员程桂荣，中国民生银行社会责任委员会副主席、秘书长艾民，吴作人国际美术基金会秘书长商玉生，常州市文化广电新闻出版局党委书记、局长陈建共，著名表演艺术家蓝天野，银谷艺术馆馆长杨京岛，北京大学中国文化书院导师刘传铭，《百年巨匠》第一部总导演赵伟东等出席。出席新闻发布会的还有我院副院长、中国画院院长田黎明，副院长、研究生院院长吕品田，副院长牛根富，副院长贾磊磊，创作院美术创作中心主任杨华山，中国书法院副院长杨涛，中国画院艺术委员会主任赵建成，中国画院学术委员会副主任许俊等。发布会由文化学者王鲁湘和中央电视台周涛主持。

10. 中央组织部人才工作局局长、中央人才工作协调小组办公室主任孙学玉等来我院调研

7 月 10 日，中央组织部人才工作局局长、中央人才工作协调小组办公室主任孙学玉，中央组织部人才工作局副巡视员李涛，中央组织部人才工作局四处副处长陈雷一行来我院调研。

我院院长王文章参加并主持了调研座谈会，文化部人事司司长张雅芳，文化部人事司副司长汪志刚，我院党委书记、副院长高显莉，副院长、中国画院院长田黎明，副院长贾磊磊，院长助理、文化发展战略研究中心主任李树峰参加了座谈会。参加座谈会的还有我院工笔画院院长何家英、马克思主义文艺理论研究所所长祝东力、艺术创作院院长朱乐耕、中国篆刻艺术院院长骆芃芃、中国书法院院长管峻、话剧研究所副所长宋宝珍、美术研究所副所长牛克诚、中国书法院副院长杨涛以及文化部人事司人才处处长郑起朝、我院人事处处长孙亚平、文化部人事司人才处干部杨拯国等。

11. 我院马克思主义文艺理论研究所举办“坚持以人民为中心的创作导向——学习习近平总书记的文艺工作讲话”座谈会

11月15日，由我院马克思主义文艺理论研究所主办的“坚持以人民为中心的创作导向——学习习近平总书记的文艺工作讲话”座谈会在院第五会议室举行。

会议聚集了我院、中国社会科学院、鲁迅博物馆、中国现代文学馆、北京大学、中国人民大学、中国政法大学、中国延安文艺学会、中国红色文化研究会、中共上海市委党校、走进崇高研究院等高校、研究院所和媒体的几十名老中青专家学者。大家齐聚一堂，从历史与现实、理论与实际相结合的角度，围绕“坚持以人民为中心的创作导向”这一核心话题，结合各自工作的情况，交流和探讨了学习习近平总书记在文艺工作座谈会上重要讲话的体会、心得与思考。马克思主义文艺理论研究所所长祝东力主持会议。

12. 我院举办“中国梦与中国电影国际传播”研讨会

2月18日，我院电影电视艺术研究所主办了“中国梦与中国电影国际传播”研讨会，我院副院长贾磊磊出席会议并致辞，丁荫楠、苏小卫、饶曙光、张建勇、尹鸿、王一川、章柏青、黄式宪、陈山、赵卫防等二十余位专家学者与会。会议由我院电影电视艺术研究所所长丁亚平主持。研讨会就中国电影中的“中国梦”表述、中国特色的电影叙事体系和文化价值观的形成与发展以及中国电影提升国际竞争力等议题展开深入研讨。

13. 我院音乐研究所举行“探索礼乐文明新体系学术研讨会”

8月28日，由我院音乐研究所主办的“探索礼乐文明新体系学术研讨会”在我院召开。

本次研讨会由院音乐研究所主办，旨在学习贯彻习近平总书记对传统文化“四个讲清楚”的指示精神，挖掘中国传统文化的深层内涵，接通古今，关注现实，弘扬传统，继承创新。来自中宣部文艺局、文化部民间文艺发展中心，清华大学、中国人民大学、中央音乐学院、中国音乐学院、天津音乐学院、南京艺术学院、杭州师范大学、中国海洋大学，我院音乐研究所、舞蹈研究所、戏曲研究所，以及《人民日报》、《光明日报》、《中国文化报》、《中国社会科学报》、《音乐研究》、《人民音乐》、《中国音乐》等不同单位、不同领域的四十余位专家学者参加了会议。会议由音乐研究所项阳研究员主持。

14. 我院召开李希凡先生从事学术研究60周年暨《李希凡文集》出版座谈会

6月21日，我院召开了李希凡先生从事学术研究60周年暨《李希凡文集》出版座谈会。来自北京、山东、上海、陕西等各文学艺术界的领导、专家学者共计九十余人参加了此次座谈会。座谈会由我院副院长贾磊磊主持。文化部副部长董伟，文化部原副部长、我院院长、中国非物质文化遗产保护中心主任王文章，文化部原代部长、中宣部原副部长贺敬之，中国作协原党组书记、中宣部原副部长翟泰丰，全国政协常委、北京曹雪芹学会会长胡德平，我院原副院长、终身研究员冯其庸，山东大学中文系终身教授袁世硕，中国出版集团公司副总裁李岩分别在开幕式上作了讲话。原文化部部长王蒙、中国红学会会长张庆善、北京大观园管理委员会也发来贺信表示祝贺。

15. 我院举行“2014年中国艺术研究院优秀科研成果奖颁奖大会”

4月28日，“2014年中国艺术研究院优秀科研成果奖颁奖大会”在我院剧场举行。我院院长、院学术（学位）委员会名誉主任王文章，我院终身研究员、中国文化研究所所长、学术（学位）委员会主任刘梦溪，党委书记、副院长高显莉，常务副院长王能宪，副院长、中国画院院长田黎明，副院长、研究生院院长吕品田，副院长牛根富，各所、中心、职能部门负责人和中级职称以上科研人员，以及我院优秀科研成果奖的获奖者出席了大会。颁奖大会由贾磊磊副院长主持。颁奖典礼在热烈庄重的气氛中进行，我院领导分别为获奖者颁奖。

16. 我院举行2014届博士、硕士研究生学位授予仪式暨毕业典礼

7月11日，我院2014届博士、硕士研究生学位授予仪式暨毕业典礼在院礼

堂隆重举行。

文化部部长蔡武、副部长董伟，我院院长王文章出席典礼。出席典礼仪式的领导和嘉宾还有：文化部办公厅主任于群，政策法规司司长饶权，我院党委书记、副院长高显莉，常务副院长王能宪，副院长田黎明，副院长、研究生院院长吕品田，国家外国专家局教科文卫专家司副司长雷风云，中华两岸文化艺术基金会会长庄汉生，我院特聘研究员、著名书法家欧阳中石，终身研究员资华筠，终身研究员、著名画家范曾，终身研究员、中国文化研究所所长刘梦溪，副院长牛根富、贾磊磊、刘宏昌，院长助理李树峰以及各学科的指导教师和特聘教授等。蔡武部长在典礼上作了重要讲话，王文章院长在典礼上致辞。

17. 我院主办的“梅兰芳表演体系国际学术研讨会”开幕式在北京举行

10月22日，由我院主办、梅兰芳纪念馆承办的纪念梅兰芳诞辰120周年系列活动之一——“梅兰芳表演体系国际学术研讨会”开幕式在北京蟹岛国际会议中心举行。

王文章院长，梅兰芳纪念馆名誉馆长、著名京剧表演艺术家、梅兰芳先生之子梅葆玖，我院党委书记、副院长高显莉，文化部艺术司副司长吕育忠，我院副院长贾磊磊以及来自中国、俄罗斯、日本、台湾等国家和地区的六十余位戏曲界学者出席。《人民日报》、《光明日报》、《中国文化报》、《中国艺术报》、《艺术评论》等十家媒体到会报道。开幕式由高显莉主持。王文章院长在会上致辞。

18. 我院主办“中国当代工艺美术双年展（2014 · 北京）”

12月6日，由我院主办，我院中国工艺美术馆承办，中国国家博物馆、中国工艺美术学会作为支持单位的“中国当代工艺美术双年展（2014 · 北京）”在国家博物馆举行。

此次展览从文化性、艺术性及非物质文化遗产实践与保护的角度展示中国传统工艺美术在当代的继承与发展，表达传统工艺美术中艺术与技术的完美结合，展现我国民族文化中的优秀审美观和价值观。展览以“承古启今、巧夺天工”和“薪火相传、演绎华彩”两个主题篇章呈现中国当代工艺美术风貌。

19. 我院“深圳凤凰创作研究基地揭牌仪式暨深圳文博会凤凰古村落文化旅游集聚区分会场开幕式”在深圳举行

5月13日，我院“深圳凤凰创作研究基地揭牌仪式暨深圳文博会凤凰古村落文化旅游集聚区分会场开幕式”在深圳宝安区艺展中心隆重举行。

本次活动是在“深圳市第十届中国（深圳）国际文博会”期间，由中国艺术研究院和深圳市宝安区人民政府联合主办的一系列高端文化活动，包括“丹青凤凰——中国艺术研究院美术作品展”、“中华巧艺——中国深圳非物质文化遗产百项技艺联展”以及凤凰书院知名国学大师文化讲座。我院院长、中国非物质文化遗产保护中心主任王文章，深圳市原市委书记厉有为，深圳市委常委、宣传部长王京生，深圳市宝安区区委书记鲁毅，我院党委书记、副院长高显莉等有关领导出席了开幕式。

20. 我院中国非物质文化遗产数字化保护中心主办的“全国非物质文化遗产数字化保护摄影摄像专题培训班”在宜昌市举办

5月27日至6月2日，由我院中国非物质文化遗产数字化保护中心主办的“全国非物质文化遗产数字化保护摄影摄像专题培训班”在湖北省宜昌市举办。本次培训班由湖北省文化厅、湖北省非物质文化遗产保护中心承办，湖北省宜昌市、秭归县两地协办。文化部非物质文化遗产司副司长马盛德，湖北省文化厅副厅长李耀华，宜昌市副市长王应华，我院院长助理、摄影艺术研究所所长李树峰，中国非物质文化遗产数字化保护中心主任丁岩，以及湖北省文化厅、湖北省非物质文化遗产保护中心、宜昌市文化局和群众艺术馆等相关单位的领导和嘉宾出席了培训活动。来自全国34个省、市、地区及湖北省内共计一百八十余位从事非物质文化遗产数字化保护的一线工作者参与了此次学习。

21. “城镇化进程中的非物质文化遗产保护论坛”在我院举办

6月17日至18日，由文化部主办，文化部非物质文化遗产司、中国非物质文化遗产保护中心承办的“城镇化进程中的非物质文化遗产保护论坛”在我院举办。

文化部副部长项兆伦，我院院长、中国非物质文化遗产保护中心主任王文章，文化部非物质文化遗产司司长马文辉及副司长马盛德、王福州，我院副院长、研究生院院长吕品田，我院副院长牛根富，全国政协教科文卫体委员会办公室副巡视员刘静出席了论坛。来自我院及中国社会科学院、清华大学、北京师范大学、武汉大学、南京大学等单位的非物质文化遗产领域的专家学者，国家级非物质文化遗产项目传承人以及项目保护单位代表以及新农村建设社区代表四十余人参加了论坛。论坛采用主旨演讲和集体讨论相结合的形式进行。与会专家围绕“城镇化进程中的非物质文化遗产保护”这一主题进行深入、广泛的讨论，通过研讨，对城镇化进程中加强非物质文化遗产保护工作的重要性和紧迫性达成共识。

22. 我院马克思主义文艺理论研究所举办第一期“马克思主义文艺理论论坛”

3 月 14 日，我院马克思主义文艺理论研究所举办第一期“马克思主义文艺理论论坛”。 本期论坛由我院马克思主义文艺理论研究所主办，主题是“新时期以来马克思主义文艺理论研究的成绩和问题”。北京大学中文系董学文、金永兵、蒋洪生，中国人民大学文学院张永清，教育部社科中心马建辉，我院马克思主义文艺理论研究所陈飞龙、祝东力、李荣启、苑利、刘永明、李云雷、王磊、关莉丽、孙佳山、杨娟，中国传媒大学艺术研究院冯巍，《中国人民大学学报》编辑部张静，首都师范大学文化研究院符鹏，中国文联文艺资源中心秦兰珺，《中国艺术报》何瑞涓，北京师范大学艺术与传媒学院陈亦水等二十余位老中青学者出席了论坛，论坛由我院马克思主义文艺理论研究所崔柯主持。

23. 我院马克思主义文艺理论研究所主办“第二届全国青年文艺论坛”

6 月 26 日至 27 日，由我院马克思主义文艺理论研究所主办的“第二届全国青年文艺论坛”在我院举行。

来自中国社会科学院、中国作家协会、北京大学、中国政法大学、对外经贸大学、北京师范大学、中国传媒大学、首都师范大学、海南大学、上海交通大学、陕西师范大学、上海大学、哈尔滨师范大学及我院等高校、科研文化机构，以及《人民日报》、《光明日报》、《中国文化报》、《中国艺术报》、《文艺报》、《新华每日电讯》、

《中国青年报》、《中国社会科学报》、《小说选刊》、《十月》、《当代》、《北京文学》等媒体的六十余名青年评论家和学者，就论坛总议题“文艺评论：新的方向与可能性”展开了深入的交流和研讨。我院院长王文章，副院长吕品田、贾磊磊，中国文艺评论家协会名誉主席李准，中国作家协会书记处书记、《文艺报》主编阎晶明，中国社会科学院文学研究所所长陆建德，中国作家协会创研部主任梁鸿鹰，《人民文学》主编施战军，著名评论家白烨、贺绍俊、陈福民、陈晓明、邵燕君、刘复生等出席了论坛。

24. 我院主办辟雍雅集·“大美寻源——当代优秀书画家作品展”

4 月 26 日，由我院主办，我院艺术创作院美术创作研究中心、北京孔庙和国子监博物馆承办的辟雍雅集·“大美寻源——当代优秀书画家作品展”在北京国子监举办。

此次展览参展的艺术家主要以我院艺术创作院美术创作研究中心书画家为主。展览打破以往以展为主的固定模式，继承传统文人的雅集形式，同时增强活动的学术互动及艺术交流功能。

25. 我院主办“全球化与新历史观——方李莉《中国陶瓷史》新书发布暨研讨会”

4 月 27 日，由我院主办，北京大学考古文博学院和齐鲁书社协办的“全球化与新历史观——方李莉《中国陶瓷史》新书发布暨研讨会”在研究生楼第五会议室召开。参加会议的有我院常务副院长王能宪、副院长贾磊磊，我国资深古陶瓷学家、故宫博物馆院耿宝昌先生，以及吕成龙、谢小铨、曹建文、王洪伟、徐天进、秦大树、王建民、赵旭东、纳日碧力戈、色音、叶舒宪、徐新建、张士闪、廖明君、邢莉、任大援、尹吉男、郑工、吴明娣、林华、曹小鸥等来自陶瓷学界、考古学界、人类学界和艺术学界的三十余位知名学者。我院艺术人类学研究所全体学者，以及来自院内外的众多研究生参加了本次研讨会。会议开幕式由我院副院长贾磊磊主持，研讨阶段分别由北京大学考古文博学院教授、著名考古学家徐天进、秦大树，以及中国人民大学人类学研究所所长赵旭东主持。

26. 原开明文教音像出版社社长、总编辑张大为先生为我院图书馆捐赠中国戏曲音像资料

5月27日，原开明文教音像出版社社长、总编辑张大为先生捐献中国戏曲音像资料的捐赠仪式在我院举行。我院副院长贾磊磊，戏曲研究所代所长贾志刚，戏曲研究所副所长刘文峰、王馗、曹景华，梅兰芳纪念馆馆长秦华生、图书馆常务副馆长周利辉、图书馆副馆长王路以及我院戏曲研究所和图书馆的全体职工出席了捐赠仪式。王文章院长对张大为先生此次捐助作了重要批示，对于张大为先生的无私捐助给予了充分肯定和高度赞扬。捐赠仪式上，张大为先生将其几十年珍藏的中国戏曲音像资料捐赠给我院图书馆永久收藏。贾磊磊副院长代表我院接受捐赠，对张大为先生这种无私奉献、共享资源的义举表示诚挚感谢，并向张大为先生颁发了捐赠证书和奖金。

27. 我院戏曲研究所主办“当代戏曲艺术理论研讨会”

6月8日，由我院戏曲研究所主办的“当代戏曲艺术理论研讨会”在我院召开。来自北京、上海、重庆、山东、河南、云南、海南、广东、广西、江西、福建、安徽、浙江、吉林、湖北、贵州、西藏等省、市、自治区的六十余位专家学者参加了本次会议，围绕当代戏曲剧种认定标准和《中国地方戏珍本丛刊》编辑出版计划草案两个议题展开了热烈而深入的讨论。

28. “大道书怀——中国艺术研究院中国书法院成立十周年书法作品展”在中国美术馆开幕

7月12日，由我院、中国书法家协会、中国美术馆主办的“大道书怀——中国艺术研究院中国书法院成立十周年书法作品展”在中国美术馆开幕。

全国人大常委会副委员长严隽琪，第十一届全国政协副主席、中国文联主席孙家正，第十届全国政协副主席张怀西，文化部副部长董伟，我院院长王文章，中国书法家协会主席张海，中国书法家协会分党组书记陈洪武等领导出席了开幕式。陈洪武、我院副院长田黎明、中国美术馆副馆长安远远、我院中国书法院院长管峻致辞。

29. “金石永寿——中国艺术研究院中国篆刻艺术院第三届院展暨国际邀请展”在中国美术馆开幕

7月25日，“金石永寿——中国艺术研究院中国篆刻艺术院第三届院展暨国际邀请展”在中国美术馆开幕。

中国文联党组成员、副主席、书记处书记左中一，新闻出版总署副署长邬书林，我院院长王文章，我院中国篆刻艺术院顾问、中国书法家协会顾问、中国人民革命军事博物馆研究馆员李铎，中国书法家协会副主席、全国政协常委苏士澍，中国书法家协会副主席胡抗美，中国书法家协会副主席赵长青，中国美术馆党委书记游庆桥，我院副院长、中国画院院长田黎明，我院副院长贾磊磊、刘宏昌等参加了开幕式。参加开幕式的还有中国篆刻艺术院部分研究员：权昌伦、余正、郭强、曹锦炎、赵熊、翟万益、陈坤一、孙家潭、徐云叔、王丹、邱振中、戴武、桑建华、朱培尔、尹海龙、张索、洪亮、张跃飞、冷旭、谷松章、魏杰、张炜羽、张奕辰、李耘萍等。开幕式由常务副院长王能宪主持。

30. 我院举行“2014中俄油画创作高级研修班开班式”暨“如见故人来——俄罗斯油画作品展”、“忘我之真——源于传统的当代意大利绘画艺术展”、“成长——陈思路、魏颖、赵舒燕三人联展”开幕式

9月3日，由我院、俄罗斯列宾美术学院、国家外国专家局主办，我院中国油画院、我院研究生院承办的“2014中俄油画创作高级研修班开班式”暨“如见故人来——俄罗斯油画作品展”、“忘我之真——源于传统的当代意大利绘画艺术展”、“成长——陈思路、魏颖、赵舒燕三人联展”开幕式在我院中国油画院学术讲堂举行。

31. 我院电影电视艺术研究所主办“中国电影海外市场竞争策略研究成果发布暨研讨会”

10月18日，由我院电影电视艺术研究所主办的“中国电影海外市场竞争策略研究成果发布暨研讨会”在北京召开。

我院电影电视艺术研究所所长丁亚平，国家新闻出版广电总局卫星电影频道

节目中心副主任陆红实，上海交通大学电影电视系主任、教授李亦中，北京新影联院线总经理周铁东，中国传媒大学文学院院长周靖波，中国电影评论学会会长章柏青，北京电影学院教授陈山，《人民日报》文艺部理论评论室主任刘琼，文化艺术出版社副总编辑李世跃，电影电视艺术研究所研究员高小健、秦喜清，文化艺术出版社编辑室主任胡晋、编辑谢阳以及影视所全体在职研究人员等相关领域的三十余位专家与会；另有《光明日报》、《文艺报》、《中国文化报》、《中国艺术报》、《中国电影报》等多家媒体与会。研讨会由我院电影电视艺术研究所副所长赵卫防主持。

32. 我院《美术观察》杂志社主办“建构当代书法评价体系座谈会”

10月29日，由我院《美术观察》杂志社主办的“建构当代书法评价体系座谈会”在我院召开。中国书法家协会分党组书记、驻会副主席、秘书长陈洪武，我院副院长吕品田出席，中国书协理事李刚田、王元军、张公者，书法理论界专家任平、朱培尔、刘宗超、张瑞田，《美术观察》编辑部主任陆军、栏目主持孟繁玮，课题组成员祝帅、赵鹏辉、吕慧波等二十余人参加座谈，研讨会由中国书协理事、《美术观察》主编李一主持。本次会议是在贯彻落实习近平总书记10月15日文艺工作座谈会重要讲话精神的背景下召开的，与会专家充分肯定了由李一主持的中国文联部级课题“当代书法评价体系研究”所取得的阶段性成果，并就建立当代书法评价体系的目的、意义、建构方法、实施方式、具体指标等问题各抒己见、畅所欲言，就建构当代书法评价体系的若干重要问题达成了共识。

33. 我院曲艺研究所发起组织第五届“中国曲艺团长高峰论坛”

12月27日至29日，我院曲艺研究所发起组织的第五届“中国曲艺团长高峰论坛”举行。

全国各地各类曲艺团体及其主要负责人积极参与，论坛旨在“强化行业内部协作意识，交流事业经营有益经验，促进学术艺术良性互动，推动曲艺创演健康发展”。

艺术科研

全部著作存目

各分类存目按作者姓氏笔画排序

艺术学　文艺学　美学

长乐斋小说论稿

孙玉明 著 / 中国文联出版社 /2014 年 12 月

冰鉴、挺经

李飞跃、蒲宏凌 注评 / 中华书局 /2014 年 8 月

烛明香暗画楼深——红楼梦人物研究

胡晴 著 / 万卷出版公司 /2014 年 6 月

当代舞台艺术家访谈录

唐凌（编著）/ 生活·读书·新知三联出版社 /2014 年 3 月

文化

浮华盛极：清瓷

方李莉 著 / 天津教育出版社 /2014 年 9 月

艺术人类学的本土视野

方李莉 著 / 中国文联出版社 /2014 年 12 月

读后销毁

孙伊（译）/ 华中科技大学出版社 /2014 年 6 月

保守主义

刘军宁 著 / 东方出版社 /2014 年 11 月

五台山

张云（合著）/ 宗教文化出版社 /2014 年 12 月

国王的起源

摩罗 著 / 中华书局 /2014 年 5 月

戏剧

昆曲唱片小识

宋波（合著）/ 万卷出版公司 /2014 年 11 月

《暮合幕开》（评论集一、二）

宋宝珍 著 / 辽宁教育出版社 /2014 年 12 月

美术

线语清唱：丁鼎花卉线描写生集

丁鼎 著 / 天津人民美术出版社 /2014 年 4 月

徐悲鸿论稿

华天雪 著 / 山东画报出版社 /2014 年 7 月

当代中国社会结构状况下的设计艺术

刘佳社 著 / 社会科学文献出版社 /2014 年 11 月

故宫画谱・芭蕉

阴澍雨（合著）/ 故宫出版社 /2014 年 7 月

观物之生

阴澍雨 著 / 广西师范大学出版社 /2014 年 10 月

传承与超越・陈孟昕画集

陈孟昕 著 / 河北美术出版社 /2014 年 10 月

荆楚画派名家陈孟昕专集画集

陈孟昕 著 / 北京工艺美术出版社 /2014 年 11 月

陈介祺年谱

陆明君 著 / 西泠印社出版社 /2014 年 11 月

中国工艺美术大师娘本：唐卡

吴南 著 / 江苏美术出版社 /2014 年 2 月

中国画研究丛书书画同源陆俨少

孟繁玮 著 / 荣宝斋出版社 /2014 年 4 月

白贲·周延书法作品集

周延 著 / 山东美术出版社 /2014 年 6 月

器物图像与汉代信仰

练春海 著 / 生活·读书·新知三联书店 /2014 年 12 月

方法论与美术史个案叙事

杭春晓 著 / 天津人民美术出版社 /2014 年 8 月

中国古代物质文化史·绘画·墓室壁画·宋元明清卷

易晴 著 / 开明出版社 /2014 年 1 月

耕砚问学——祝帅书法作品及文献

祝帅 著 / 文化艺术出版社 /2014 年 7 月

从西学东渐到书学转型

祝帅 著 / 故宫出版社 /2014 年 8 月

骆芃芃敬刻诸子百家警句印谱

骆芃芃 著 / 西苑出版社 / 2014 年 1 月

翠屏蓬瀛——翡翠山水理论与创作研究

郭晓川 著 / 江苏凤凰美术出版社 /2014 年 10 月

心象：韩昊山水画集

韩昊 著 / 人民美术出版社 /2014 年 3 月

音乐

漫瀚调

冯卓慧、陈丹曦著 / 浙江人民出版社 /2014 年 1 月

艺术中国（音乐卷）

李宏锋（合著）/ 南京大学出版社 /2014 年 12 月

梅州客家佛教香花音乐研究

李春沐、王馗 著 / 宗教文化出版社 /2014 年 2 月

接通的意义：历史人类学视域下的中国音乐文化史研究

项阳 著 / 中国文联出版社 /2014 年 12 月

中国音乐科技史纲

郭威（合著）/ 中国社会科学出版社 /2014 年 8 月

舞蹈

江东舞蹈文集（四卷）

江东 著 / 上海音乐出版社 /2014 年 1 月

返回原点——舞蹈的身体语言研究专题文集

刘青弋 著 / 中国文联出版社 /2014 年 12 月

曲艺

新中国北京文艺 60 年：曲艺卷

吴文科（合著 / 主编）/ 中国文联出版社 /2014 年 12 月

影视

心中的风景

丁亚平 著 / 中国文联出版社 /2014 年 12 月

中国电影文学发展史

李清 著 / 中国电影出版社 /2014 年 6 月

当代中国的文化想象与社会重构

张慧瑜 著 / 中山大学出版社 /2014 年 9 月

打开锈住的记忆：影视文化与历史想象

张慧瑜 著 / 广西师范大学出版社 /2014 年 5 月

非物质文化遗产保护

传统村落与非物质文化遗产保护研究——以徽州传统村落为个案

汪欣 著 / 知识产权出版社 /2014 年 6 月

部分著作简介

《烛明香暗画楼深——红楼梦人物研究》

胡晴著 / 万卷出版公司 /2014 年 6 月

本书将《红楼梦》作者、小说人物和评点者三个方面的研究都统摄于“人物”的概念之下，以此为出发点讨论问题。人物在《红楼梦》研究中占有举足轻重的地位，无论是现实存在的小说作者、批评家还是虚构的小说人物。而他们之间又是密不可分的，作者赋予小说人物以鲜活的艺术生命力，批评家使小说人物的魅力与规律彰显，批评家与作者又通过小说文本跨越时间、空间的界限进行交流。同时，这三类红楼人物研究涵盖了家世研究、文本研究、批评史研究等多个领域，笔者以“人物”为中心对其进行整合融通，意在从新的角度挖掘新的研究空间，以改变各个领域各自为战、灵感枯竭的疲态。

本书分为上、下两编，分别收集了笔者对小说人物、作者和评者的研究成果。上编主要是笔者近几年读《红楼梦》所得的有关小说人物的鉴赏性文章。多年以来，针对某个人物的专论一直是人物论文章的主流，但此模式经过反复开掘已渐失新意，因此笔者并不以人物专论为用力方向，而是主要以某一主题或视角为切入点，如才女文化、情爱文化、服饰文化、诗词文化、礼俗文化、饮食文化等，对特定情境下的人物群体及其行为、情态等进行讨论，解读其中纷繁而微妙的人情物理，进而揣摩、了解作者的创作意图和写作技巧。同时，虚构的小说人物怎样与现实的时代语境和文化背景进行对接或错位，也一直是笔者感兴趣且下精力去阐发的内容。本部分笔者还特别注意了文章的丰富性与可读性，追求学术性的美文。

下编包括了关于作者与评者两方面的内容。作者篇主要讨论了作者家世、创作等方面的话题。关于作者曹雪芹家世的研究可谓盛极一时，笔者学力浅薄，只能在前人考证的基础上，结合时代背景与作品创作谈一些感想，强调了在曹寅时代攀上富贵顶峰的曹家，其家族文化、身世之感对曹雪芹创作不容忽视的影响。

同时在此单元也涉及了一些普及性的介绍，这也是本书的写作目的之一，即在讲究科学严谨的前提下，尽量注重普及性，为广大热爱《红楼梦》、热爱红学的朋友提供好读好懂的资料。评者篇针对早期《红楼梦》评点者展开，延续了笔者上一部著作《红楼梦评点中的人物研究》的主题，但视角发生了变化，转向对评点者个人批评特色的关注，如脂批者在中国画论方面的高妙素养、江南才子王希廉的不凡艺术感悟、姚燮作为戏曲大家的独特之处以及身处清末民初的王伯沆所受索隐风气的影响等。

总之，通过本书，笔者将十余年红学研究的相关心得体会与广大同好分享，兼有知识性介绍和可读性赏析，力求从多角度呈现人物在《红楼梦》研究中的独特魅力，同时也作为笔者研红之路的阶段性回顾，以就正于方家。

《动手有功——文化哲学视野中的手工劳动》

吕品田著 / 重庆大学出版社 /2014 年 8 月

本书综合美术学、设计艺术学、美学、技术哲学等学科思想，由劳动技术形式的基础层面和人性造就的哲学高度重提手工劳动，对手工劳动技术形式作了立足当代、着眼发展的人文审视和理论研究；通过缘物我关系展开的对“手”、“工具”、“工力”和“手工生产”的深入分析，揭示了手工劳动融劳作和审美于一体的人文特性，以及它在信息时代的现实意义和发展趋势，对把握当代文化建设取向、调整文明发展模式具有重要的基础理论价值。同时，作者把手工劳动的人文考察和文化建设、文明发展的战略问题紧密联系，在涉及探索新型工业化道路、发展生态经济和文化产业、保护自然环境和传统文化资源、改善社会风尚和人文状况、建设城镇文化与经济、拓宽社会就业渠道、丰富劳动形态和群众文化生活等宏观发展规划上，提示出一种体察中国国情及优势的战略思考，有很强的现实针对性和社会实践意义。

《论美术》

邓福星著 / 中国文联出版社 /2014 年 12 月

本书所收文章遴选自作者 1980 年以来撰写的多部著作及学术论文，是作者学术探索的精华。全书按专题分为六辑：一、艺术的发生，收入作者代表作《艺术前的艺术》等艺术发生学研究成果；二、绘画的抽象与抽象绘画，收入作者讨论艺术抽象性的两篇重要论文；三、中西美术观念比较，收入作者有关中西美术比较的论文两篇；四、论 20 世纪中国美术，收入该专题论文两篇；五、王朝闻美学思想研究，收入论文两篇；六、画梅研究，收入作者专著《梅谭》。相关论述具有独创性和科学性，特别是他所提出的艺术起源与人类起源同步发生的观点，新颖独特，具有开创意义。

《自由创造是文学艺术的本质特征——论文化政策与文化战略》

王能宪著 / 中国文联出版社 /2014 年 12 月

本书集中反映了作者对我国文化政策和文化发展战略及相关理论问题的思考。全书分为上下两编，上编是作者在文化系统、文化活动中的演讲稿，下编是专业文章。作者以敏锐的眼光，本着解放思想、实事求是的精神，对改革开放以来文化领域出现的一系列新情况、新问题，特别是国家文化战略的部署和文化政策的调整，进行了透彻的分析和深入的思考。本书具有较高的理论价值，视野开阔，涉及面广。既适合理论工作者、高校师生进行研究阅读，也适合文化管理部门和广大文艺工作者包括文化产业从业人员了解国家当前的文化政策及其发展趋势。

《开放的艺术——走向通律论的艺术学》

李心峰著 / 中国文联出版社 /2014 年 12 月

本书收入作者从 20 世纪 80 年代中期到现在近 30 年有关艺术基础理论和艺术学方面的主要论文。按内容分为六辑：一、艺术新状态与新格局，描述新时期我国艺术格局所发生的深刻变化、艺术所呈现的新状态；二、艺术本质与艺术功能，是对艺术理论核心问题艺术本质与功能的新思考，包括对通律论这一艺术学根本道路以及艺术学方法论的探讨；三、艺术理论、艺术批评学、艺术史哲学，是对构成艺术学的三大支柱即艺术理论、艺术批评和艺术史的元科学研究；四、比较艺术学，收入作者比较艺术学论文五篇；五、艺术类型学，收入作者艺术类型学论文九篇；六、民族艺术学，收入作者有关民族艺术及民族艺术学论文五篇；最后收入作者题为《加强艺术的基础理论研究》的学术访谈作为“代跋”。本书所收论文见证了我国新时期艺术理论和艺术学的发展历程，成为该时期我国艺术理论与艺术学所走过道路的一个缩影。

《艺术生存与文艺人类学视野》

王列生著 / 中国文联出版社 /2014 年 12 月

本书所收论文，集中反映了作者对我国当下艺术生存和文艺人类学相关理论问题的思考。作者以其独特的身份和敏锐的眼光，对 21 世纪以来文艺领域出现的一系列新情况、新问题特别是“艺术的当下生存”、“文艺的体验与接受”、“文艺人类学视野”等，作了深入的思考与透彻的分析。全书分为四辑：一、知识增长、知识综合与知识制度，收入了作者探讨知识增长、知识综合与知识制度的三篇论文；二、艺术的当下生存，作者以世界和民族的视野，对当下产生的艺术问题进行追问与反思；三、文艺的体验与接受，作者从接受美学的角度，论述了读者与作者的转换生成，对体验论文艺观提出新的认识；四、文艺人类学视野，作者探讨了文艺的起源、存在、承载及与时尚的互动，提出文艺人类学的学科理论框架。

《艺术人类学的本土视野》

方李莉著 / 中国文联出版社 /2014 年 12 月

本书分为四编：一、理论思考，是作者对艺术人类学研究的方法和视角所作的理论探索；二、个案研究，作者有多年田野调查的基础，景德镇传统陶瓷手工艺的传承与创造是作者个案研究的重点对象；三、来自人类学的历史思考，阐释了作者基于人类学的角度，对艺术史观和文化自觉的思考；四、杂文随笔，探讨中国当代艺术和草根艺术的发展与影响，体现了作者作为知识分子的社会担当。

《接通的意义——历史人类学视域下的中国音乐文化史研究》

项阳著 / 中国文联出版社 /2014 年 12 月

本书分为“理念认知”、“接通历史”、“历史的田野”三部分，是作者新世纪以来从事中国传统音乐文化研究过程中的一些学术思考与感悟，涉及文化研究、学术理念与方法论。作者通过对历史上王朝典章制度的深入挖掘与梳理，在形成整体学术理念前提下，对当下民歌、戏曲、曲艺、器乐和地方性乐种的艺术性本体存在以及多功能为用进行综合辨析，探讨音乐史学与传统音乐相结合的“历史的民族音乐学”方法论的实践意义，强调音乐史学应走出书斋，让传统音乐接通历史，在各有侧重的视角下进行综合、立体的研究，从而真正把握传统音乐文化的内涵。作者指出，所谓接通，就是要在充分认知音乐的多种功能性意义的基础上，从与音乐文化相关的多层面加以考量。“接通”之后就会出现与既往学术研究迥然不同的新面貌，从而影响和调整学术理念，为音乐学界把握传统音乐文化提供一种新视角。

《返回原点——舞蹈的身体语言研究文集》

刘青弋著 / 中国文联出版社 /2014 年 12 月

本书分为四编，分别为舞蹈的体现、动作的本质、追问古典、先锋述评。“返回身体原点”的理论是本书研究成果的核心部分。舞蹈的原点来自身体语言，“返回原点”的意义在于返回生命自身，在本能的律动中发现身体动作的原发意义。身体动作原点的移位，意味着多元舞蹈观。“返回原点”的思想为艺术家保持独立的主体性、为当代艺术保持鲜活的生命力、为民族文化保持独立的品格和个性提供了有效的思想策略与根本保证。

《中国电影受众观察》

章柏青著 / 中国文联出版社 /2014 年 12 月

本书汇集了作者新时期以来有关当代电影的文章。全书分为三辑：一、电影史论，作者偏重于运用社会学、意识形态理论，对中国电影史的脉络进行梳理；二、电影观众论，作者汲取了心理学、生理学、接受美学等诸多学科的研究成果，对电影受众的特点作出了新颖而深入的论述；三、电影批评论，主要是从宏观层面对当代中国电影批评的历史、现状、走向作出分析与判断。作者的思考、探索与中国电影创作的实际紧密结合，并在学理性，尤其是方法论层面上有诸多创新，对当前的影视理论与创作实践大有裨益。

《心中的风景》

丁亚平著 / 中国文联出版社 /2014 年 12 月

本书分为四编：一、影视之维；二、文学与理论；三、批评之批评；四、历史的长影。入选文章系作者有代表性的电影人物评论与影视史论文章、作家及作品评论、文学批评研究及散文、随笔等，从中既可看出作者的研究足迹，亦反映了从 20 世纪 80 年代初至 21 世纪始这一较长历史时段时代观念的嬗变与演进的轨迹，呈现社会和心灵的真实，富有学术和思想价值。

《中国电影：历史·现实·文化》

高小健著 / 中国文联出版社 /2014 年 12 月

本书分为三编：一、中国电影史论；二、戏曲电影论；三、当代中国电影论。该书汇集了作者对中国电影发展不同时期、不同侧重方向的研究成果，从中能够看出作者对于中国电影历史和现状的基本学术态度，及作者一以贯之的主要学术观点。戏曲电影研究在中国电影研究中属于相对边缘的话题，但是这个片种对于中国民族电影的身份确立和艺术形态发展却是非常重要的，作者的研究成果能够引起大众对戏曲电影的关注，并能为专业研究者提供启发与思路。

《传统村落与非物质文化遗产保护研究——以徽州传统村落为个案》

汪欣著 / 知识产权出版社 /2014 年 6 月

在现代化和城市化迅速发展的当代中国，传统村落的消失成为社会学、人类学和文化遗产保护领域备受关注的话题。城镇化的中国，迎来了村落时代的终结。作为中国传统社会制度和中华传统文明载体的传统村落，在一轮又一轮的城镇化改造中，从衰败走向消亡。在现代化的今天，这些传统村落将何去何从？这是农业中国向工业中国转型过程中面对的时代命题。在文化遗产保护领域，我国将传统村落纳入文化遗产体系，使之成为物质和非物质文化遗产之后另一类综合性的文化遗产。本书通过综述国内外各学科领域对传统村落的研究现状，以及国内外对于传统村落的保护实践，介绍关于传统村落保护的理论和实践问题；以文化生态学为理论基础，从文化遗产保护的视角，探讨徽州传统村落的历史发展、存在现状以及文化生态变迁；通过考察徽州传统村落中的非物质文化遗产及其保护情况，探讨非物质文化遗产与传统村落的关系，探索徽州传统村落保护的途径；最后，作为全书总结，探索以村落为单位保护非物质文化遗产的实践模式。

《武舞神话——中国武侠电影纵横》

贾磊磊著 / 人民大学出版社 /2014 年 5 月

本书是作者二十多年来武侠电影研究的心得笔记。该书将理论、历史与文本密切结合，从而完成了对中国武侠电影的深度考察，是一部集电影与文化、技术与精神融合研究的学术著作。其学术创新性主要表现在如下几方面：

首先，这本专著对中国武侠电影的历史演变进行了系统分析，对中国不同历史时期的武侠电影创作进行了分类研究，对武侠电影导演的艺术风格进行了美学辨析，并对中国武侠电影的国际化进程进行了深入探讨。作者将中国武侠电影界定为一种以武侠文学为原型，融舞蹈化的中国武术技击表演与戏剧化、模式化、回合化的叙述情节为一体的类型影片。并指出，中国武侠电影追求的是将武打与剧情、情景、人物相互交融的武舞奇观。

其次，作者采取历史的纵向研究与文化的横向分析相结合的研究方法，在论述中国武侠电影历史走向和创作轨迹的同时，将其与中国文学、武术、伦理、宗教等领域统而观之，建立了系统而有效的研究方法。通过大量分析，作者认为“暴雨剪辑”是中国武侠电影标志性的剪辑方式，也是中国武侠电影独特的美学风格所在。中国武侠电影把暴力的表现方式，从单纯的动作表演转化为舞蹈化、仪式化、程式化的美学表现体系，进而确立了中国武侠电影在世界电影格局中不可替代的地位。作者藉此明确指出了武术指导、动作导演的历史地位一直被忽略这一现实问题，并提出了在国家级电影奖项中设立最佳武术指导或动作导演奖的建议。

同时，本书还提供了大量独家的剧照与片场照，不仅对研究电影研究具有重要的学术参考价值，对电影创作人员具有直接的参考意义，同时对于广大武侠影迷来说，也是一次重温经典梦幻瞬间、感受电影与武侠完美结合的艺术阅读之旅。

部分课题简介

艺术品鉴证体系建构及产业发展模式研究

课题类型：国家社科基金艺术学一般项目

课题负责人：查振科

立项时间：2014 年 9 月

结项时间：2017 年 9 月

最终成果形式：专著

课题简介：

“艺术品鉴证”是近两三年开始流行的一个新词组,其内涵主要包括三个方面：1. 以科学的态度用传统鉴定之“眼学”以及科学鉴定新方法论证艺术品及作者的真伪；2. 在原作者参与配合下以科技手段锁定艺术品的唯一性微观图像信息，并对其实施认证、验证的保真业务；3. 以科技手段锁定艺术品的几处唯一性微观图像信息，从而对其实施以责任锁定为目的的认证、验证业务。“艺术品鉴证”不是一种旧事物的新叫法，它是融技术创新、理论创新、产业模式创新、文化体制创新为一体的文化新业态。

我国现行司法体系重证据，以往的艺术品鉴定却重经验，二者存在明显差异的后果是司法鉴定体系不认可仅凭经验的艺术品鉴定模式，艺术品鉴定行业却不能不认可现行司法办案体系。所以现行艺术品鉴定体系应以“证据说了算”为转折点，逐步融入司法体系的科学鉴定大格局。科学取证是科学论证的基础，科学取证与科学论证的完美组合才能产生准确的认证与鉴定。所以本项目成员将有公安部物证专家参加，共同研究艺术品鉴证中如何取证、如何管理数据等问题，使艺术品鉴证业务融入司法体系并得到认可。

艺术品虽然是一种承载着文化内涵的特殊商品，但不应特殊到过分强调其文化身份而忽视其商品属性的地步，对其防伪备案实施的认证验证业务以及技术设备的检验与标准化研究均应属国家质检系统业务系列，所以本项目成员将有中国检验检疫科学院专家参加，共同研究如何建立艺术品科学鉴定与管理的第三方认证机构，让文化系统与质检系统跨界组合共同推动形成艺术品鉴证的文化新业态。

从中国艺术品市场繁荣与混乱的两个方面观察，不仅都显现出了海量的、无休无止的认证需求，而且也凸显了艺术品鉴证新技术与第三方认证业务相结合的重要意义和历史必然性。尤其是最近中国艺术研究院领导与国家质量监督检验检疫总局领导有了整合双方学术力量以及美术研究与认证资质等不同资源的意图，本课题研究者也正是参与促成这两大系统跨界合作的专家团队。该课题参与者将结合两大系统联手整治伪劣艺术品泛滥的实践，从学术理论的层面进行引导，同时也结合实践对学术理论研究进行修正与提高。

本课题将推动艺术品市场健康发展的力量，对艺术品鉴证体系建构进行全方位研究，重点研究产业发展模式：首先要研究具有第三方认证资质的认证模式，如何在现有认证模式基础上建立起针对艺术品这种特殊商品的认证模式，还要研究虽不具认证资质但已被政府文化部门及社会大众所接受的雅昌文化集团模式。同时还要研究以藏品为主体实施锁定备案管理的博物馆模式，以及以展品为主体实施锁定备案管理的美术馆模式。所以本课题组有故宫的数据库信息专家以及第三方认证服务专家参与，共同研究艺术品在典藏备案中以及流动展出中的鉴证备案问题，还有艺术品鉴证业务的社会化服务问题。总之，要研究锁定保真、锁定责任、技术设备质量检验、规范化操作、标准化以及相关法律与制度等问题。

宋代诗选与诗学考论

课题类型：国家社科基金青年项目

课题负责人：陈斐

立项时间：2014 年 9 月

结项时间：2017 年 9 月

最终成果形式：专著

课题简介：

有宋一代，伴随着诗学思潮的流变，产生了大量的诗选。这些诗选在宋代诗歌活动中发挥着十分重要的作用。一方面，甄别、筛选本身就是一种批评，在对一定范围内作家作品的鉴别、去取中蕴含着宋代选家的诗学观念及其对诗歌史序列的梳理，这往往比一些随意、泛泛而谈的诗话更为严谨。另一方面，诗选提供了学习借鉴的典范，对诗歌创作的影响比理论著作更为直接。研究宋代流行的诗选，分析其编选倾向，可以对宋代诗学思潮、创作风尚等获得更为亲切、明晰的认识。比如，王安石“荆公体”的晚唐风味儿与《唐百家诗选》大量入选晚唐诗不无关系；南宋初期，诗坛企图通过学习唐诗走出“江西”困境时，亦掀起了唐诗编选史上的第一个高潮。可见，宋代诗选与诗学的关系十分密切，宋代诗选的流行史亦可看作另一种形态的宋代诗歌史。故从诗学视角研究宋代诗选，可以使我们切入宋代诗歌创作、批评的现场，对宋代诗歌史以及中国诗学史的认识更为鲜活、丰满。

本课题在研究方法上，首先，坚持程千帆提倡的“将批评建立在考据基础上”的方法。在考证诗选编者生平的基础上详考诗选的成书时间与背景，确定诗选在宋代诗学发展过程中所处的位置，为进一步研究奠定基础。同时，尽可能梳理诗选的版本源流，以最接近原著面貌、差错最少的版本为底本，参校一两种较早、较善的版本，将得到的新校本作为研究文本。如《唐诗三体家法》，笔者以《故宫珍本丛刊》影元刊二十卷本为底本，以早稻田大学藏明应甲寅（1494）刻增注本校、补，得到一个新校本。此新校本收诗凡494首，比王园依据的四库本《三体唐诗》（凡458首）、张智华依据的康熙刻本《碛砂唐诗》等（凡484首）收诗都全。其次，采取“定量分析与定性分析相结合”的方法。诗选虽然反映了选家的诗学观念及其对诗歌史序列的梳理，但选家的看法除了序跋、凡例、评点等直接表达外，更多是通过筛选、编排曲折映射的。遗憾的是，宋代不少诗选缺乏序跋、凡例或评点。针对此种情况，笔者拟对诗选所选作家、作品的时段分布、体裁分布、题材分布等进行统计分析，以与选家文字表述的诗学观相印证。再次，坚持“宏观与微观相结合”的方法。对宋代诗选与诗学的宏观研究建立在重要诗选微观个案研究的基础上，而对重要诗选的微观个案研究又在整体观照宋代诗学流变与诗选更迭的视野下展开，力图凸显个案的诗史意义。

本课题创新之处在于深化宋代诗学的研究。宋代诗学的一些问题，换一种视角，从作为批评方式和创作典范的诗选入手考察，更为具体、清晰。比如，目前学界对南宋“宗唐”诗学的看法，比较笼统、模糊，基本上沿袭钱钟书《谈艺录》的观点，认为“宋人言‘唐诗’，意在‘晚唐’”。笔者通过对以《唐诗三体家法》为中心的研究发现，南宋“宗唐”诗学，经历了一个由师法“晚唐”到师法“盛唐”的过渡历程。大约在《沧浪诗话》、《唐诗三体家法》成书前后，南宋诗坛出于对学习晚唐带来的“格卑气弱”等弊病的反思，在理论上已逐渐达成向上（主要指“盛唐”）取法的共识，朝着元、明以盛唐为师过渡。不过，这时，人们的实际审美趣味仍受晚唐影响，带有明显的过渡痕迹。这种过渡痕迹鲜明地体现在《唐诗三体家法》的编选倾向中。《唐诗三体家法》的编者周弼推崇“开元、大历”诗，但他所谓的“开元、大历”诗，内涵比较丰富：既有比较符合盛唐诗实际的“雍容宽厚”、“雄健”、“浑厚”、“典重”等特点，也有更接近中、晚唐诗的“华丽”、“婉曲”等风貌。从编选实际看，周弼对“华丽”、“婉曲”的追求更为突出。而这正体现了诗学转型逐渐过渡的特点。

中国传统音乐乐律体系研究——以潮州音乐为例

课题类型：文化部文化艺术科学研究项目

课题负责人：崔宪

立项时间：2014 年 9 月

结项时间：2017 年 9 月

最终成果形式：专著

课题简介：

潮州音乐的研究最早即涉及二四谱与工尺谱，二四谱与古琴，二四谱与筝谱等有关记谱法及潮州音乐的历史来源问题。有的针对二四谱中“轻、重、活”等特殊称谓及其在音阶、调式方面的内涵进行了多方面的解释，有的从板式及板式之间的关系等方面提出了看法。在律学研究方面，研究者们主要围绕潮州音乐是否为“七平均律”问题进行了讨论。福建南音与西安鼓乐涉及乐律学的研究成果不胜枚举，如围绕南音的律制特点、宫调理论是讨论较多的问题。有学者即认为南音的“正律器”是洞箫，有学者认为正律器应该追溯到宋代的筚篥。有学者指出，南音的“滚门”是乐调系统的核心称谓，其中还有管门、滚门、曲牌、撩拍等不同术语。西安鼓乐的研究涉及乐律学的问题有，西安鼓乐曲名与唐、宋、元曲调相同或相似，也保存了唐、宋大曲的某些特点。西安鼓乐共有“工、六、尺、上、五”五个调，但一般多用“六、尺、上、五”四个调。有学者指出，西安鼓乐的记谱和读谱，既有相对固定的因素，也有随意的、非固定的因素，认为可称为“基调固定唱名法”。在潮州音乐、福建南音和西安鼓乐的乐律体系研究中，已经积累了一定的研究成果，但全面系统、深入细致的研究还有待进一步展开。

本课题将以现代科技成熟的测音技术为手段，借鉴民族音乐学的理论方法，结合历史文献及乐律理论记载，在对民间艺人进行深入细致的访谈基础上，对潮州音乐的音乐实践再做研究，从传统音乐的民间俗语、口传音乐术语、乐器制作、演唱演奏方式、记谱形式、韵曲要求、宫调体系、调律标准等方面进行综合考察，进行全方位、多手段、多视角的整体性研究，为进一步认识我国传统音乐乐律体系做准备。

本课题旨在揭示传统音乐中包含的历史文化信息，并为建设中国音乐理论体系提供可资利用的技术内容。同时，在音乐学科的研究方法上，重点在于尝试综合应用音乐民族志、音乐声学测量与分析、传统乐律学、历史文献学等多个学科与多种方法相结合，以期达到借鉴民族音乐学的理论与方法，有针对性地实现外国理论与中国音乐文化的实际相结合，突出我国传统音乐的文化特点，实践符合中国音乐文化特色的综合研究方法。

本课题将以传统音乐与历史文献相结合，以传统音乐与测音技术相结合进行研究，并借鉴音乐民族志及口述史的方法，借助现代科技先进手段，试图将本课题的研究做到更加全面、系统，为传统音乐乐律理论提供新的成果。在当前音乐院校的教学课堂中仍以欧洲音乐与音乐理论为主的现实中，积极推进与充实中国传统音乐理论的教学内容。历史文献中的乐律学理论记载，其内在的文化信息与音乐技术逻辑，可以在活着的传统音乐中得到印证。原先不可解、不能解的历史疑案可以从活着的传统音乐中解决或得到合理的解释。

舞蹈表演的表现力研究

课题类型：文化部文化艺术科学研究项目

课题负责人：段妃

立项时间：2014 年 9 月

结项时间：2017 年 9 月

最终成果形式：专著

课题简介：

本课题旨在通过对舞蹈表演相关表现力进行系统研究，进一步加快建立舞蹈表演学的进程。一般而言，舞蹈表现力是指在舞蹈作品中所表现出的感染力。舞蹈以演员的肢体表现传达作品中的诸多情感，是演员对舞蹈编导创造性的艺术构思进行肢体再创作的艺术实践活动，意味着肢体动作的表演者必须能够准确、生动地传达作品的意境意蕴、思想感情，承载起肢体表现在整个舞蹈表演中的任务。肢体表现绝不单指肢体的动作，它是多方面的表现能力转化为肢体动作而外化出来的结果。

“表现力”是舞蹈表演的核心，是多学科交叉融合和表演者的能力体现。对“表现力”的研究既要顺应现当代演员的表演状态，又要从大处着眼、细处着手，进行针对性的研究。目前，对于“表现力”的研究基本是分散性个别论点，围绕舞蹈表现力进行系统研究还属于空白，本课题围绕表演的身体表现力、心理表现力、作品表现力、审美表现力、综合表现力五个方面进行，具体从表演技术技艺、肢体表现、想象创造、人物塑造、作品呈现、情感表现等方面进行探寻。国内外对舞蹈表演的研究并未形成完整的体系，对表现力研究可借鉴的资料较少，但成熟的戏曲理论、经典舞蹈作品和大量舞蹈学著作为本研究提供了重要借鉴，奠定了重要基础。

本课题由五部分组成：第一，通过对身体表现力相关的肢体动作、表情、韵律、风格、呼吸、节奏等方面进行研究；第二，对舞蹈表演技术技艺与想象、情感等形成的心理表现力进行研究；第三，舞蹈表演的作品表现力研究，围绕作品表现力是舞蹈表现力的最高表演阶段进行研究；第四，舞蹈表演的审美表现力研究，主要从表演境界、审美视角等方面提高演员的审美能力；第五，舞蹈表演的综合表现力研究，舞蹈表演的表现力是综合诸多因素的集中体现，最终形成形神兼艺术形象的研究。通过目前的表演现象，找寻舞蹈表演的本质特征，对艺术家的舞蹈作品、艺术成就、学术思想、教学理念深入挖掘，对审美追求和典型经验进行提取，进行表现力的探讨。对舞蹈表现力的研究是当今学科建设中亟待解决的问题，是舞蹈实践中的现实问题。通过对艺术家舞蹈作品的创作、排练、演出及教学过程中典型表现力进行提取，结合当今演员表演过程中的优劣，进行表现力的探讨。

舞蹈表演的学科建设处于初级阶段，可借鉴的资料较少。本课题以舞蹈表演学科的实际需要，既要参照前人的成果，弥补时代拉开的距离，又要借鉴吸收其他学科的成果；既要考虑宏观的表演学科整体性，又要有阶段性的分解研究，既要有舞蹈演员表演理论的独立特性，又要与舞蹈编导体系严密联系；既要有演员的心理研究，又要有观众的心理多侧面的研究；既要有单一学科的突破性，又要有多学科多层次的立体支持;既要有演员在训练、排练、演出三点一线的有效贯穿，又要有点、线、面的有效展开，才可完善整个研究。

当下传统音声形态中的“曲子”积淀研究

课题类型：国家社科基金艺术学青年项目

课题负责人：郭威

立项时间：2014 年 9 月

结项时间：2017 年 9 月

最终成果形式：专著

课题简介：

曲子，滥觞于隋唐，历代不断丰富，并成为诸多音声形态发生、发展之母体，元明以降尤以“曲牌”为最直接和最集中的体现。通览“民族民间音乐集成志书”，曲牌广泛存在于当下众多剧种、乐种、曲种乃至舞种、歌种之中，且多数具有不同程度的一致性；若纵向比照历代曲集则可见其又具有传承性。这是当下传统音声形态中“曲子”积淀的典型现象。

本课题将选择当下具有“活化石”意义（文献有载、脉络可循、活态存在）的典型剧种、曲种、乐种为考察对象，以曲牌统计、分析、比较为基础，在整体把握下进行个案考察，从音乐本体、生成机制两方面入手，对“曲子”的当下积淀予以研讨。基于研究可信度与可操作性的考虑，以学界公认的有史可证的具历史活态遗存意义的当下音声形态为研究对象，研究区域为华北、华中、华南、西北、西南五个传播相对集中的主体区域，并向外延展。以文献相对丰富的明清为中心，以“明—清中叶—清末民初—新中国—当下”为序列和节点。在以上时间序列中，生成机制发生一系列变革（清中叶乐籍制度禁除，乐人失去“官身”转为民间艺人；礼乐制度随封建王朝结束，礼俗用乐由官—民转向民间），其对传统音声形态的发展具有决定性的影响。

曲子兴起之时，乐籍体系已确立。承应礼俗用乐的主体是官属乐人，曲子是其必备，若不能将大量曲子烂熟于心，无论声乐、器乐，想要搬演，几无可能。这种“入门先背曲”的传统至今依旧。此即“词山曲海，千生万熟”的传承意义。乐籍存续期间，作为官乐的音声形态是全国范围的传承与传播。其中，曲子既有独立形式，又作为说唱、戏曲等多种音声形态的母体存在。当清雍正朝禁除乐籍制度后，无论是群体身份还是其承载的技艺趋于民间化，官属乐人承载的音声形态与民间形成有效互动。曲子、说唱、戏曲等脱离了乐籍制度制约之后依然会有新的、区域性发展。由此，“曲子”习乐的传统与历史节点的变革，对音声形态发展走向影响深远。

曲子本属于面向大众服务的教坊俗乐之声乐形式，数量多且传播快。乐人将流行的曲子用器乐形式演绎,形成“声乐曲器乐化”传承（如当下“吹歌”、“咔戏”等乐种常见形式）。当这种传承成为常态时，曲子脱离演唱成为纯粹的器乐曲牌，其中一些纳入国家礼制用乐系统并颁布于全国使用，促使器乐化的声乐曲牌广泛流行，即“俗曲礼用”。若再以宗教音乐加以探讨，则曲子“积淀”更为广泛。

本课题将以历史人类学视角，从“传统活态与历史动态的互动”探讨曲子在当下多种音声形态中的活态存在和深刻影响；将曲子论题由历史层面拓展至当下传统活态研究。突破“宫廷—民间”二元论、偶然发生论等既有理念，强调音乐制度体系化对音声形态发生、发展的重要作用，从生成机制层面探讨当下音声形态形成的规律性与必然性。

20 世纪戏曲表演团体体制发展流变研究

课题类型：文化部文化艺术科学研究项目

课题负责人：济洪娜

立项时间：2014 年 9 月

结项时间：2017 年 9 月

最终成果形式：专著

课题简介：

20 世纪戏曲表演团体体制发展流变研究，是戏曲管理和戏曲演出史的组成部分。本课题以戏曲演出组织制度的发展变化为主要研究对象，着重梳理 20 世纪戏曲演出体制的更替，在总结体制特点和规律的基础上，进行对比论证。从“家班”、“草台班”、“城市戏班”，到“共和制”、“主角挑班制”、“班园合一制”以及粤剧行会出现的“八合体制”，到新中国成立初全民所有制及至 20 世纪末全民所有、集体所有、民营私营等多种体制的并存，这一系列体制的发展变化，不仅能够反映“体制必须遵循艺术发展规律并适时进行调整变化”的规则，体现戏曲艺术“传承”的特质，更能从管理学意义上，凸显体制研究对戏曲发展的重大意义。

本课题以 20 世纪近百年的时间为背景，观照该时期最具代表性的京剧、粤剧、秦腔以及特定地方剧种的发展，并参考特定剧种在台港澳地区的变化，以戏曲演出的承载组织，即戏曲表演团体的体制更迭为研究对象，用三维视角进行基础研究和对比研究。

本课题根据近当代戏曲史分期，清末至民国时期、20 世纪 50 年代至 80 年代、社会主义新时期三个阶段。其中就表演团体的体制而言，影响其发展的大致有外部影响和内部制约两大类因素。外部影响主要指时代背景和地理环境对体制的影响以及政治政策对体制的决定作用；内部制约因素则涵盖了戏班（剧团）与戏院（剧场）的关系、戏班（剧团）的内部组织结构、戏班（剧团）的演员队伍及演出内容、戏班（剧团）的经济运作方式以及相关的日常生活、舞台演出、演出受众、演出状况等。

结合以上不同因素可知，在不同时期、多个剧种的发展历程中，曾衍生过多种不同的体制，它们之间既有区别又有联系。本课题在梳理历史的基础上，对典型性、代表性的制度进行对比研究。

任何单一体制都存在局限和弊端。以“主角挑班制”为例，它的存在和壮大伴随着近代戏曲的辉煌发展，在新中国成立的 30 年里，“主角挑班制”不复存在，而在艺术表演团体全面产业化、市场化的新时期，又重现“主角挑班制”的身影，并且在当代的演出中合理地存在着。这说明体制是适应时代特点和艺术发展规律应运产生的，最终将服务于艺术发展的需要。

当代相声小剧场研究（1996—2016）

课题类型：文化部文化艺术科学研究项目

课题负责人：蒋慧明

立项时间：2014 年 9 月

结项时间：2017 年 9 月

最终成果形式：专著

课题简介：

本课题以当代相声小剧场为研究对象，并将具体时间段界定在 1996—2016 年之间。简要回溯相声之表演场所的变迁，并以一定篇幅指出："相声"与"小剧场"之间的渊源关系，从 20 世纪二三十年代至五六十年代期间，相声从业者的主要表演场所即在小剧场中，相声的成熟期即产生在小剧场（茶馆）的创演实践活动中。

本课题探讨"相声回归剧场"口号提出的前因后果，以及所反映出的相声艺术发展进程中的一些关键问题。"文革"后至 20 世纪 80 年代，相声艺术的空前繁荣既是相声反映现实的特点所致，也在一定程度上给相声从业者和观众造成了一种错觉；改革开放初期至 20 世纪 90 年代，相声演员"走穴"频繁，电视相声的泛滥等种种原因导致广大观众对相声发展现状严重不满，社会各界对此皆有所批评。

1996—2000 年，相声从业者内部开始主动寻找更加适合相声表演的形式，主要事件有姜昆与常贵田、侯耀文、李金斗等明确提出"相声回归剧场"的理念，并付诸行动，组织了阶段性的演出活动；1998 年，天津于宝林等组织老艺人开始在天津的小剧场内上演传统相声，虽局限于天津本土范围，但意义重大；北京曲艺团在西单商场小剧场定期演出，另外在广德楼、湖广会馆等处亦有小范围的相声演出，所演作品多为传统相声，以区别于广遭诟病的电视相声。

2001—2005 年，相声小剧场演出相对比较零散，但在观众中已经拥有了良好的口碑，特别是随着网络媒体的普及，在青年观众中引起了较大反响。2003 年，北京"周末相声俱乐部"成立，在相声演员和观众中引起强烈反响；2005 年年底北京电视台组织的全国相声大赛上，郭德纲的获奖开始引起媒体关注，由此引发对"相声小剧场"的广泛探讨。

2006—2010年，由于全国数十家媒体对郭德纲及“德云社”的集中报道，在这一现象的直接影响下，“相声小剧场”在全国范围内几乎遍地开花。尤其在一些大中城市，去小剧场看相声也成了都市年轻人的一种娱乐消费的时尚选择。随着各地相声团体的相继成立，小剧场相声成为目前相声演出的常态。

2011—2016年，全国范围内的相声小剧场团体众多，从业者的人数也逐年递增，随着时间的推移，关于相声小剧场的运营、管理以及可持续发展等实际议题也越来越引起各地相声团体的高度重视。尤其是2013年，众多民营性质的相声小剧场负责人自发成立了“相声联盟”，并在银川、成都等地召开了研讨会，中国曲艺家协会成立了全国相声小剧场委员会，相声小剧场正在朝着符合艺术规律和文化市场规律的正常轨道有序发展。本课题力图归纳总结出相声小剧场近二十年来的发展之路，以期对相声艺术的进一步发展起到积极的促进作用。

中唐至五代宫廷教坊乐舞人员的流散与曲子词的兴起

课题类型：国家社科基金后期资助项目

课题负责人：李飞跃

立项时间：2014年9月

结项时间：2017年9月

最终成果形式：专著

课题简介：

本课题主要研究对象是中唐至宋初西安、洛阳、开封的宫廷与教坊乐人，兼及流向契丹、回鹘、吐蕃及十国的宫廷教坊乐人。宫廷教坊乐人一般隶属于太常寺、鼓吹署、教坊和梨园等乐府机构。此外，各地番上的音声人和乐户也是中央乐舞人员的组成部分。唐之盛时，“音声人，至数万人”。来自民间和各地的乐曲总汇于教坊，教坊成了女乐和俗乐的集中地与加工站。由于战争频仍、社会动乱，大量宫廷教坊乐人或被赐赠、放出，或被劫掠、贩卖，或逃亡河湟、蜀地，或流落江南、塞北，成了当地官商尤其文人士大夫的娱乐伙伴。原本仅限于宫廷演出的乐曲，随着宫廷与教坊乐舞人员的流散而广为传播。

乐舞人员的流散带来了唐宋乐舞的嬗变与音乐的转型，一些教坊曲与宫廷乐曲演变成为词调，而词调的形成正是曲子词独立的标志。由于乐舞文化生态的改变，伶工与文人交往的密切，“依声填词”、“选诗配乐”，越来越多的伶工词出现及词集的编纂，使得词体逐渐形成了一定的乐曲、歌唱与文本规范。尤其《花间集》等词集的编辑与传播，从文本上完成了词体的建构，曲子词作为一种音乐文学尤其作为一种诗歌体式最终确立。从乐舞人员的流散、乐人与文人交往，尤其音乐文学的角度，可以重新审视词的起源问题，有助于理解词体的构成要素与形态演变。

本课题从乐曲层面研究乐人与唐五代词调的形成与演变。早期词调的形成与乐人关系密切，如《羯鼓录》一书记录了开元天宝年间羯鼓乐曲 132 曲，《教坊记》一书记录了盛唐教坊大、小曲 343 曲，《唐会要》载有太常寺大乐署所司 244 曲，花蕊夫人《宫词》有“太常奏备三千曲”的描写。据统计，343 首教坊曲中至少有 87 首演变成为唐五代词调（现存唐五代词调总共才 180 首），135 首演变为宋代词调。可考见唐代著辞曲 70 首，至少 47 首源出教坊曲；敦煌曲用调 69 个，见于《教坊记》者 45 个。《花间集》、敦煌词、《尊前集》、南唐词的创作，多数依据源自教坊曲的词调。《花间集》与教坊曲词调有 58 种相同，占全部词调的 77%，词 441 首，占全集总数的 88%；敦煌词与教坊曲的词调有 38 种相同，占所用词调的 81%，词至少 149 首，占全词总数的 75%；南唐词用调与教坊曲有 32 种相同，占所用词调的 63%，词 135 首，占南唐词总数的 78%。众多教坊曲能演变为词调，首先要有一个从教坊到民间的传播过程，否则不会被民间的填词者所选择和使用。

本课题从歌本乐谱层面研究乐人与唐五代词体的形成与演变。伴随着乐人流散与教坊曲外传，民间较为粗放自由的民歌、乐曲也借鉴了教坊曲的乐律规范，曲调和曲式逐渐确定，格律日益规范。大量短小规范的曲子的涌现，为文人“按乐填词”创造了条件。流散乐人所用的唱本词集为曲调确立和文本规范打下了基础，乐谱、歌词的传抄尤其随着《花间集》等歌本词集的编辑传播，词调与词体逐渐确立，词体文本日益规范，词体格律逐渐形成。

本课题从乐人与文人交游的层面考察唐五代作词的繁荣与词作中心的形成。由于中原长期处于战乱，南北方文人待遇迥异，北方文人向南及向西迁移，与乐人流散的时间、地域一致。五代时期有词作传世者的文人共有 49 人，其中一直生活于北方者仅 4 人，北人南迁者占有较大比例。由于中唐至宋初乐人流散民间和中原乐舞人员的大规模流向敦煌、西蜀与吴越南唐，才促进了文人与乐人的交游与花间尊前歌词风气的流行，促进了小型乐舞的繁荣和伶工词的兴起，以及词在民间及西蜀、敦煌、江南的繁荣。

新时期以来中国艺术思潮的现代性研究

课题类型：国家社科基金艺术学一般项目

课题负责人：李世涛

立项时间：2014 年 9 月

结项时间：2017 年 9 月

最终成果形式：专著

课题简介：

本课题主要研究中国新时期以来艺术思潮的现代性，艺术思潮取其广义，包括现实主义、现代主义、后现代主义、新历史主义等；参照西方现代性，把中国的现代性区分为社会现代性、文化现代性、审美现代性，并从启蒙现代性、审美现代性、现代性的世俗性，以及现代性扩张引发的全球化、文化殖民等角度进行研究。

20 世纪 70 年代末以来，中国再度开启了现代化建设，它是肇始于晚清的一种古今之变，但被“文革”中断，时代又赋予其新的内容，它还作为后发的、外部殖入的现代性，受到了西方现代性的影响、规约。中国的启蒙现代性提倡理性、科学、民主、自由、个性主义、人道主义等观念，推动了现代社会的建立、发展。中国新时期的审美现代性参与了现代化进程，具有启蒙性，它反思、批判了社会现代性和启蒙现代性，反抗工具理性的霸权、物欲追求，呼唤自由、超越性。它们深刻地影响了艺术思潮。

中国的现实主义艺术思潮与现实、现代化之间关系密切，新时期的现实主义艺术提出了变革现实的要求，把矛头直指保守的思想行为、制度的僵化，有多种变体，有贯穿了启蒙批判精神的现实主义，有关注民众生存的“新写实”小说等，有浓厚的现实性、写实性、本土性；现代主义艺术思潮受西方影响很大，它极端地反对传统、他律，激进地倡导艺术的独立、自由、“纯艺术”、形式崇拜，其现实针对性仍较强，即对抗保守的观念、政治；后现代主义艺术思潮深受西方影响，否定了启蒙现代性的基本观念，也反对僵化的思想行为、制度，还与市场经济、大众文化、消费主义、现代性的世俗性一起消解了神圣等价值，现代化的未完成性使其功能与现实主义、现代主义思潮有所重合，具有一定的现代性。三种艺术思潮存在着历时的变迁，但又是共存的，反传统、追新求变是这三种思潮的特征，三种思潮不仅受到社会现实的影响，还作为民族国家的想象，形塑并推动了现代民族国家的建构。现代主义、后现代主义艺术思潮受西方影响很大，但受现实、传统的制约也较大，远没有西方激进、彻底、独立、超越。

现代性的世俗性消解了前现代性及其神圣文化，有的艺术家放弃了启蒙主义，转而肯定世俗的趣味、生活，出现了以欲望—消费为特征的私人书写、身体书写；城市文明与现代社会关系密切，现代性的发展推动了都市艺术的发展；后现代主义解构了现代性的宏大叙事，它与现代性的世俗性、大众文化、资本、消费主义结盟，否定历史、革命，新历史主义艺术思潮、“后革命艺术”也随之出现，前者把历史文本化、审美化，调侃、拼贴、消费历史，它包括一些影视历史剧、纪录片、新历史主义小说等，后者混杂利用商业话语、政治话语，挪用、拼贴、改写、消费革命或政治文化的资源和符号，它包括一些广告艺术、影视艺术、通俗艺术和“红色经典”。中西之争使中国对西方有一种爱恨交加、羡慕与怨恨相混合的感情，民族主义话语以及受其影响强调民族性和文化传统、对抗西方文明和城市文明的艺术应运而生，寻根的艺术思潮、乡村艺术就是一种“反现代的现代性”。现代性引发了怀旧和怀旧主题的艺术，以“老照片”为代表，出现于流行歌曲和绘画、影视、摄影作品中；现代性扩张引发的全球化导致了两种后果，一是加强了世界各地及其文化间的联系，二是诱发了本土或地方的文化和艺术的兴起，就前者而言，全球文化出现了某种程度上的相似、雷同，但交流者所受的影响并不对等，艺术的殖民现象随之产生，中国有的艺术家模仿西方的艺术表现方式，有的则展示丑陋、揭短，以满足欧美畸形的趣味、审美。

木课题首先分析新时期以来中国的社会现代性、文化现代性、审美现代性、艺术思潮的现代性的具体内容及其关系，艺术思潮的社会、文化根源，艺术思潮与西方现代性和中国古代传统、“五四”以来的现代传统和新中国成立后的文艺的关系；继而分析了中国新时期以来艺术思潮对社会的现代主流价值观的推动、补充、发展和质疑、反思、批判，及其与社会的互动；最后总结出中国新时期以来艺术思潮的现代性的特征。

汉代壁画艺术研究

课题类型：文化部文化艺术科学研究项目

课题负责人：练春海

立项时间：2014 年 9 月

结项时间：2017 年 9 月

最终成果形式：专著

课题简介：

本课题通过对洛阳、辽阳、内蒙古、徐州、和林格尔、西安以及集安等地区出土的汉代壁画以及相关出土文物、文献的系统研究，主要讨论三个问题：汉代壁画的特点是什么？影响汉代壁画的因素有哪些？以及汉代壁画产生什么影响？

本课题首先研究汉代壁画的创作主体。讨论画工、赞助人、墓主对壁画创作所起的作用，画工社会地位变迁又是如何影响到壁画的创作等。其次，进行汉代壁画的本体研究。讨论壁画的创作媒介、创作方法、创作程序、创作条件、依存语境（墓葬环境），以及它在题材选择、造型设计、章法布局、笔墨技法、艺术风格等方面反映出来的规律。然后由此进一步讨论汉代壁画的艺术自觉性，以及它与同时代其他绘画艺术形式，如画像石、画像砖的关系。第三，汉代壁画的流变研究。讨论汉代壁画在两汉以及魏晋之间的变化趋势，然后通过考察两汉壁画墓、贵族聚居地的分布规律来揭示壁画的地位变迁问题，并进一步考察壁画如何从墓葬内部的装饰上升为一种墓葬类型的标志。第四，汉代壁画的作用与影响。研究汉代壁画在当时社会语境中的作用和影响有哪些方面，层次如何，在装饰墓葬，墓葬建筑形制的选择和内部结构设计，甚至是死者家属的仕途前程方面产生何种影响，它又在何种意义上成为死者乃至生者社会地位的象征。

本课题的学术价值在于：其一，汉代壁画研究的结论可以证史。汉代文献中许多事物语焉不详，壁画研究的结论可以提供证据。其二，汉代壁画研究可以促进建筑文化、丧葬文化、礼仪制度的研究。汉代壁画艺术中不乏严谨的写实与丰富的细节刻画，恰当的释读可以获得一些文献失载的相关知识。其三，可以弥补画像石、画像砖、画像棺等艺术研究的不足。如汉代画像砖与画像石画面细节大多湮灭，汉代壁画艺术的研究可以弥补画像的不足，推进画像砖石乃至汉代绘画艺术的整体研究。其四，汉代壁画研究有助于中国传统绘画研究的正本清源。中国传统绘画所使用的各种材料、技法、语言等可以追溯到汉代壁画，对它的研究有助于理解中国传统艺术的核心价值。

本课题的应用价值在于：一方面，选题研究所取得的结论，可为考古工作人员在制定揭取、临摹汉代及三国两晋时期的墓葬壁画方案提供参考，以及博物馆工作者在保存、修复、复制和研究汉代壁画时提供理论参考。另一方面，选题研究对汉代壁画艺术精华的总结，可以为当代绘画艺术创作、文化创意产业提供艺术指导。

本课题的学术意义在于：研究全面吸收最新考古发掘成果、汉代壁画研究成果，总结汉代壁画艺术的特点与规律，充实和完善中国壁画艺术、中国美术史的理论体系。

国际视野下中国社区舞蹈的功能与价值研究

课题类型：国家社科基金艺术学一般项目

课题负责人：刘晓真

立项时间：2014 年 9 月

结项时间：2017 年 9 月

最终成果形式：专著

课题简介：

本课题为中国传统舞蹈的传承、传播与保护机制提供参考，并在此基础上对中国舞蹈文化的发展作出预期与判断；为了解国际交流语境下，国外社区舞蹈的发展现状与理论研究，为中国舞蹈的发展提供战略思路，实现有效的文化价值输出；为处理精英舞蹈与大众舞蹈之间的关系，实现教育的公平与普及，提供数据与价值依据；为了解社会文化情感的根源提供对策，促进社会的和谐发展。

本课题通过调研、评述国外学界对于社区舞蹈现状的总结和研究，对社区舞蹈的组织形式——传统乡土社会空间中的社区舞蹈、城市生活聚居空间中的社区舞蹈、网络空间中的社区舞蹈进行考察。对社区舞蹈中的身体文化——从乡村到城市进行研究。在当代中国发展大转型的时期，乡土社会的城市化进程直接导致舞蹈活动的空间发生变化，由原来的熟人式乡土村落转换为移民式的城镇社区。原来承载大量传统文化基因的传统社会文化形态——民族民间舞蹈，嵌入多元舞蹈资源的社区舞蹈，与当代社会文化形态——街舞、交谊舞，及精英文化形态——现代舞和学院舞蹈交融发展。社区舞蹈便形成多层次、多样式的共同体；从精英到大众广场舞联盟的发起人针对不同的跳舞群体，将专业舞蹈院校的民族民间舞作为动作基因库，将高难的专业舞蹈组合转换为容易掌握的广场舞元素。面对国民身体文化的重塑与当代中国的社会转型，承载多种文化形态的舞蹈资源在社区的特定语境中进行改变、整合和嬗变。这里面有历史传承，也有当代改造。中国丰富的民族分布和各地的文化差异，使得社区舞蹈的功能有了不同的呈现方式和精神内涵。

本课题着重研究社区舞蹈作为社会成员的群体行为，如何组织、构成并有效地实现健身娱乐与情感互动。形成一种社会转型期，对内提供文化传承和促进社会和谐的长效协调机制；在全球化语境中，对外实现价值输出的局面。社区舞蹈的地方性经验能够保证其作为一个文化事项的鲜明特色和独特价值，并有力地构成了中国多民族舞蹈文化的多元质地，而且，就如此丰富的民族民间舞蹈文化资源，学界进行深入个案分析的研究还未真正形成规模，对于它们的探讨就显得尤为重要。

本课题创新之处在于，打破“专业”、“业余”的意识壁垒，为促进社会公共文化事业提供有效的话语支持和对策。善于把握时代新动向，在大数据时代中敏感捕捉到新的社区舞蹈存在形式，提供有效的信息和研究。把握当下社会文化脉搏，为中国城市化进程及现代化建设中的舞蹈文化及身体观念留下历史的记录。在一种文化战略意识中，研究当代中国舞蹈文化现状。

体制改革背景下戏剧（艺术）管理制度建设

课题类型：国家社科基金艺术学重点项目

课题负责人：刘彦君

立项时间：2014 年 9 月

结项时间：2017 年 9 月

最终成果形式：专著

课题简介：

本课题是为响应时代文化使命的召唤而设计的，具有一定的前沿性和挑战性。2009年，绝大部分戏剧（艺术）院团完成了全面体制改革，但创作和演出情况并没有随之发生根本性的变化，“投资主体是政府，节庆演出是平台，政府评奖是导向”的创作模式依然持续运行，一些新的能够适应市场、票房与观众需求的创作模式迟迟得不到鼓励和运行的机会，政府“扶上马，送一程”的短期扶持政策无法结束，只能再延长5年，“再送一程”。这些情况都向我们提出了有关戏剧（艺术）如何在新形势下，在政府、社会和自身的共同努力下，激活内生动力，解决文化体制改革之后继续生存、发展的迫切现实问题。如何改变政府“办文艺”而不是“管文艺”的现实状态？如何让现有的奖项和节庆演出由戏剧（艺术）的压力变为动力？如何解决戏剧（艺术）院团进入市场乏力、艺术生产模式陈旧、艺术经营呈空白状态的问题？如何解决艺术生产投资的风险高、周期长、生产效率低下问题？如何寻求多元化的生产模式与收入来源？如何强化戏剧（艺术）作品的国际竞争力？本课题研究将面对这些现实问题开始。

本课题是基于历史性的需求：我国从1985年开始进行艺术院团的文化体制改革，至今已近三十年。其目的，是试图通过建立符合社会主义市场经济发展趋势和艺术规律的运行机制，多出人才，多出精品，繁荣我国的文化艺术创作。但是，迄今为止，与处于转型期的整个中国社会政治、经济、文化发展的不平衡状态息息相关，中国戏剧（艺术）院团体制虽然已经改革，但一系列相关配套管理制度的改革与建设还处于探索和实验中。在与市场经济接轨的过程中，计划经济模式造成的大量行业后遗症一时难以完全克服，从各级政府对于各类戏剧（艺术）院团的管理，到相关社会层面的评奖、评价体系和机制转换，乃至戏剧（艺术）院团内部管理制度的重建，还存在着许多观念和操作层面的误区。况且，整个社会的艺术消费水平和消费环境，受经济和文化条件的制约也还处于初级阶段。因此，研究体制改革背景下戏剧（艺术）管理制度建设这个课题，也是由中国戏剧（艺术）自身的发展历史而提出的。

中国已经成为一个经济大国，如何才能成为文化大国？如何深入、准确地理解中国进行文化体制改革的环境，如何寻找并提出中国戏剧（艺术）发展中的问题和误区，并进行相关层面的研究与建议？这是我们这一代学者责无旁贷的学术责任。截至目前为止，还没有任何一位国外学者或一家学术机构对此问题进行关注与研究，国内一些大学的学者因为与戏剧（艺术）实践的关系较远，也没有这方面的相关研究成果，这为本课题的展开提供了空间，当然，也增加了难度。最近，党的十八届三中全会提出了在政治、经济以及文化领域全方位深化改革、进行制度建设的关键词，使绝大部分业已改制的戏剧（艺术）院团面临着前所未有的机遇与挑战。经过我们数年来对戏剧（艺术）现状所进行的考察与研究，我们发现，无论是政府对戏剧（艺术）的管理制度，社会评奖、评价机制层面的管理制度，还是戏剧（艺术）院团内部的管理制度，都存在着重新梳理、重新定位、重新建构的巨大空白。因此，对于体制改革背景下戏剧（艺术）管理制度建设方面的研究，不仅具有建设性的学理价值，而且具有切近并引领当下戏剧（艺术）发展方向的实践意义。

本课题属于前沿性研究，包括政府行政职能的优化与制度创新；戏剧（艺术）经营的支援环境与支援方法；戏剧（艺术）演出的契约规范；戏剧（艺术）演出的市场预测与目标市场营销、分销策略等。这些内容，当前都处于相关领域理论和实践的前沿领域。与历来的艺术科研重基础史论不同，本课题的研究成果，能直接应对相关政府部门、社会组织机构和各个戏剧（艺术）院团的管理制度创新。这些创新，将对中国文化体制改革的深化，对加强文化软实力的建立等方面产生积极的影响。

非物质文化遗产文化品牌研究

课题类型：文化部文化艺术科学研究项目

课题负责人：刘永明

立项时间：2014 年 9 月

结项时间：2017 年 9 月

最终成果形式：专著

课题简介：

非物质文化遗产保护的核心，是实现文化的传承。活态的文化如果仅靠静态的“保护”，必然走向难以重生的“坟墓”。因此，在发展中保护核心要素，是非遗保护的必然选择。非物质文化遗产文化品牌的研究即是解决非物质文化遗产活态传承的重要途径之一，贴合实际，具有强烈的社会关怀。目前，在已有的研究成果中，对非物质文化遗产文化品牌的研究很少，跨区域、跨民族的系列研究更是无人开垦。因此，本课题具有重要的现实意义。随着非物质文化遗产保护工作的不断展开，非物质文化遗产的学科建设正在逐步进行，但是理论的建构层面尚有很多有待填补的空白。其中非物质文化遗产文化品牌的研究便是一个薄弱环节，所以本课题亦具有重要的理论意义。

本课题以文化研究的关键概念“身份政治”来解读“文化品牌”的实质内涵；确认其内涵是特定群体的“文化身份”通过产业逻辑来实现其文化再生产、凸显文化标识特征的过程，在此意义上，“文化品牌”的实质是“文化品牌化”；在“文化品牌化”的发生逻辑中存在着多个群体的“文化身份”、“文化标识”与“产品标识”之间的冲突与共生关系。以此为理论统摄，本项目从“文化品牌化”的角度对中国非物质文化遗产文化品牌的历史发展进行梳理，重点分析“非遗”文化品牌产生过程中不同文化群体之间的身份争夺与商谈逻辑；对“非遗”文化品牌的当代发展现状给予解析。

本课题研究遵循从非物质文化遗产的“品牌研究”向“品牌化研究”的研究思路，将静态的品牌经济研究深化落实到动态的“品牌化”形成过程中的研究，梳理在“文化品牌化”过程中多元文化身份借助产业框架相互冲突、积极调协，最后形成“产品标识”的文化逻辑。与此前有关非物质文化遗产的产业化研究相比，体现出理论深度与文化关怀。

本课题通过对非物质文化遗产文化品牌的研究，为非物质文化遗产产业化这一现实问题寻找解决途径和实践框架，凸显“身份政治的产业化实现”这一核心观念，将此前只是作为实践问题的非物质文化遗产产业化研究纳入当代文化研究的问题视野中，使之成为具有较大理论潜力的学术问题。

现当代舞蹈的传播与跨文化研究

课题类型：国家社科基金艺术学重点项目

课题负责人：欧建平

立项时间：2014 年 9 月

结项时间：2017 年 9 月

最终成果形式：专著

课题简介：

本课题内含的总体问题是中国现当代舞蹈如何发挥舞蹈的“非文字”语言优势及其超越民族、肤色、文字语言、意识形态等障碍的独特功能，如何开发传统的“‘和’文化”资源与“国际化”基因，借力中国经济快速发展、中国政治长期稳定、中国外交广结善缘、中国语言备受青睐的大好势头，为“中国文化走出去”的宏图大略贡献力量，为实现在相互理解基础上的世界和平做出努力。我们的研究对象和主要内容是“中国现当代舞蹈”这个极其特殊的文化现象，以及它在“中西合璧”与“古今共融”这种典型的“跨文化传播”过程中不期而遇的碰撞、合情合理的冲突、若即若离的交汇与参差不齐的融合，以及这其中盘根错节的关系和引人入胜的规律。

本课题由六个子课题组成，子课题一《中外舞蹈交流史及其在现当代的重大问题研究》，将用常见的历史学、逻辑学和经济学方法，首先梳理中外舞蹈交流与传播中的大量史实，并从“双向传播”的一般规律和“严重逆差”的重大问题入手，揭示中国现当代舞蹈由于生产力长期欠发达造成的对西方发达国家的舞蹈乃至价值观的盲目崇拜现象，承认其必然性与合理性的同时，亦在理论上认清我们今天已经拥有的优势、在今后应该承担的任务和亟待解决的问题，进而明确提出逐步扭转这种盲目性的建议。子课题二《全球化视野下的中国现当代舞蹈发展走向研究》，将以哲学、美学、艺术学、历史学、人类学、社会学、比较诗学、舞蹈生态学和舞蹈身体语言学紧密结合的方法，用丰厚的史料和明确的观点，讨论如何在全球化背景、语境与视野下，以足够的勇气，审视自我、回首过去并展望未来，在梳理中国现当代舞蹈发展的基础上，揭示它之所以能够一路高歌到今天的历史必然，进而为我们实现中国舞蹈“本土文化复兴”和“与世界接轨”的理想提供战略与策略性思考，以及建设性的方案。子课题三《现当代舞蹈的跨文化传播与中国国家形象的建构研究》，将从本体的层面上，探讨重建中华民族“和文化”乐舞体系的必要性与可行性；在策略的层面上，论述制定中华乐舞“跨文化”传播战略的紧迫性与长期性，以求中华乐舞走遍中国和世界，以此提高整个国家的文化竞争力。子课题四《高等舞蹈教育对中国当代社会的功能与价值研究》，将借鉴西方高等舞蹈教育的经验，本着“做有用的理论”这个应用理论的宗旨，围绕“高等舞蹈教育在做什么”与“广大民众需要什么”这两个问题展开调查研究，努力在“高等教育服务普罗大众”和基础理论与应用理论相结合等方面做出努力。子课题五《台湾当代舞的传播与跨文化研究——以“云门舞集”为例》，将以“云门舞集”的创办人林怀民为研究核心，探讨其作品中“人为”的与“文化”的复合因素，并从其经典作品的分析到热门舞作的传播入手，展开一系列的相关研究，最终目的是为其半个世纪以来的当代舞“传播与跨文化研究”，建立起一个带有文化特色的“中国模型”。子课题六《俄美两国芭蕾的现当代传播与跨文化研究》，将把研究重心放在俄罗斯现当代芭蕾在本土与美国“历时”层面的整合与“共时”层面的创新上，以求系统总结并比较两个芭蕾强国在这两个时期所积累的实践经验、理论成就、独到优势和明显不足，弥补国内对这些宝贵经验的严重认识不足，进而为建构我国舞蹈发展愿景提供有效借鉴。

本课题拟解决的关键性问题和重点难点问题是，如何在错综复杂的历史与现状、中国与外国、东方与西方、古典与现代、现代与当代等多对矛盾中，灵活运用马克思主义的唯物史观与诸多通用的研究视角和研究方法，目光敏锐地发现问题、条分细缕地剖析问题，尽力单刀直入地解决问题，从而开门见山地提出有助于推动中外舞蹈发展的结论来。

城镇化进程中民族传统美术现状与发展研究

课题类型：国家社科基金艺术学重点项目

课题负责人：邱春林

立项时间：2014 年 9 月

结项时间：2017 年 9 月

最终成果形式：专著

课题简介：

本课题通过研究城镇化过程中的民族传统美术的现状与发展，了解与分析城镇化对民族传统美术乃至文化生态的影响，考察和评估文化主体在这个文化变迁中所产生的反应和诉求，从而给国家文化战略提供策略咨询。研究对象为“城镇化进程中的民族传统美术”，强调城镇化的语境。本课题的研究对象主要包括具有明显的地区色彩或与民间社会、日常生活等关系紧密的艺术形式，如传统工艺美术、民间美术等。随着中国经济的发展，中国的城市与农村现代化建设（城镇化）的深入开展，民族传统美术的现状也发生了很大的变化，而国家各级政府部门也推出了相应的应对机制，但效果如何，如何评价，这是本课题研究需要解决的问题。主要内容为城镇化政策实施的效果以及区域性的差别，民族传统美术人才的培养，手艺人生产状况、生存状态，民族传统美术的主体对城镇化的反应，民族传统美术的产品销售和变迁等内容的研究。

本课题根据城镇化程度的不同和发展进程的不同选取具有代表性的点，这些点在行政区划和文化类型上覆盖大、中、小城市以及村落等类型，以点带面进行研究。通过这种方式选择代表性城市和村落进行研究所得出的结论，不仅可以比较全面地反映中国城镇化进程中民族传统美术现状，同时也可以集中精力深入调查和研究。研究将采用艺术学、人类学以及社会学相结合的多元视角。

由于中国城镇化的过程正在进行，因此在这个动态语境中民族传统美术就必须强调“动态与静态相结合”。在研究初期收集一次数据，在研究后期收集一至两次数据。通过对比的方式找出“不断变动”和“相对静止”的数据项。两到三次的数据收集相对于研究周期而言以及选题总体思路的设计来说是可行的，而且也提供了修正和比较，有助于得出更为科学和准确的结论。

其次，在研究的过程中注重宏观研究与微观研究相结合。在每一个子项目中都会具体设定若干个具体的城市或村落作为微观研究对象，深入、全面地挖掘民族传统艺术在所选定区域内表现出来的各个预定考察项目的数值。在研究的过程中，还要整理全国或同一地区其他城市或同级行政区的民族传统美术平均表现水平。对比这个参照值，找出偏差与原因，从而进行宏观地讨论。

在具体研究的过程中，选择研究方法时将采取“问题—结论”的方法论导向，选择最为合适的方法来建构论证过程。其中，艺术人类学研究方法、统计研究方法以及比较研究方法等方法将是本选题中所采用的较为主要的研究方法。通过人类学的田野调查方法，研究可以控制所收集一手资料的品质。本选题研究的对象是一个非常复杂而且正处于生成过程之中的文化复合体，没有一定的规律性可循，同时又因为时空的不同而千变万化，所以通过人类学的方法，根据研究目的设定相应的问题，控制访谈的对象、范围、层次与目的是非常有必要的，通过这种方法可以摒除大量的干扰信息，获得比较集中的能够反映课题探讨对象状况的数据。对田野调查所收集的数据资料进一步采用统计和比较的方法，依据数值的级差来深入地分析和探讨不同地区或同一地区不同城镇或村落在对待民族传统艺术方面是否存在差异或存在何种程度的差异，揭示它们在城镇化过程所激发的不同发展条件对民族传统艺术的发展所造成差异性的幅度，讨论这一特定历史时期民族传统艺术发展的规律性趋势，以及未来将呈现出何种发展态势，等等。

西汉江都王刘非墓出土礼乐器考古

课题类型：国家社科基金艺术学一般项目

课题负责人：王子初

立项时间：2014 年 9 月

结项时间：2017 年 9 月

最终成果形式：专著

课题简介：

由南京博物院发掘的盱眙大云山汉墓是一个西汉早期的高等级陵园，在其 1 号墓现已发掘出金缕玉衣、玉棺和全套钟磬乐悬，由此可见墓主人的身份极其尊贵。目前，考古界的一般观点认为，该墓的主人应为第一代江都王刘非。本课题作为中国音乐考古学研究的一个重要专题，拟以墓中出土的礼乐器以及其所承载的汉初宫廷礼乐制度信息作为直接的研究对象，对刘非墓展开全面的音乐学考古学研究。在此基础上，以墓中出土的钟磬乐悬为标本，对其进行复制或复原研究。所谓复制是从形式方面而言，即依据出土文物的原貌，并结合金相学与石相学的研究成果，将其原有的形制与携带的历史信息进行再现。而复原是从乐悬音乐特性的角度，对其特有的声学设计与乐律学内涵进行揭示，在复制的基础上复原其应有的音乐内涵。由此，再现西汉早期藩王所用的礼乐场景，进而揭示在西汉早期短暂的分封制度与礼乐制度衰落之间的深层关联，为这一领域的研究提供全新的视角。本课题为汉代音乐史的重要专项研究，其成果也将成为《大云山 1 号汉墓发掘报告》的核心内容之一并正式出版。刘非墓中已发现的钟磬乐悬，是体现墓主身份的重要文物，本课题将其列为研究的重点。钟磬乐悬中又以编钟为主，墓中所见编钟一套 19 件，由 14 件纽钟和 5 件甬钟组合而成，完全与目前所知西汉王墓的规格相符。

中国是“文明礼仪之邦”，“礼乐”的观念根深蒂固。作为礼乐的载体，从西周以来，音乐的地位历代显赫、备受关注。秦末战乱之后，高祖统一天下，以青铜时代的高技术、高文化为基础的先秦宫廷钟磬乐悬已丧失殆尽。《汉书·礼乐志》仅载汉初的“制氏”，作为精通宫廷雅乐、并世代在太乐供职的乐官世家，其于雅乐“但能纪其铿锵鼓舞，而不能言其义”。高祖时的叔孙通借助一些幸存的秦宫乐人，才重新制定了汉朝的宗庙乐。不过，叔孙通重制礼乐的工作因其去世而并未彻底完成。这一点《汉书·礼乐志》说：“汉兴，拨乱反正，日不暇给，犹命叔孙通制礼仪，以正君臣之位。高祖悦而叹曰：‘吾乃今日知天子之贵也！’以通为奉常，遂定仪法，未尽备而通终。”而且，叔孙通重制礼乐的做法曾为当时的“齐鲁之士”所非议，非议的详细内容今已不可知，但从刘向“然卒为汉儒宗，业垂后嗣，斯成法也”的话看，刘向对叔孙通的做法持充分理解的态度。齐鲁两国曾是保存西周礼乐最为完备的诸侯，叔孙通仅靠几个秦宫乐人重建汉初礼乐，在当时就被自诩为“礼乐正宗”的齐鲁之士所非议。历代帝王功成作乐，无一是真正的古代“雅乐”。但从这里可以看出，叔孙通所制定的礼乐，虽然可能还采用了一些秦代的形式，就其音乐本身来说，其主体已是他所创汉代的“新乐”了。这就是我们了解有关汉初礼乐的仅有的材料，也是今日历史书所记关于西汉社会音乐制度的主要史料来源。

西汉江都王刘非墓的音乐考古学研究，不仅对于以往如广东南越王墓和山东洛庄汉墓等西汉早期墓葬的音乐学研究成果，是一次有着实证性意义的验证和再评价；而且对于从今天看来相对落后的西汉早期乃至整个汉代社会音乐生活和制度的研究，将会产生重大的促进意义。刘非墓的音乐考古学资料，将与广东南越王墓、山东洛庄汉墓，包括出土汉钟的墓葬或遗址乃至未见完整钟磬乐悬出土的河北满城汉墓，江苏徐州的北洞山、小龟山、狮子山汉墓等西汉早期王墓葬一起，构成一条全新的历史证据链。这条历史证据链已可表明，刘邦建立汉朝以后，确实曾经实施过较为严密的“礼乐制度”。刘非墓、广东南越王墓和山东洛庄汉墓出土的礼仪乐器，特别是编钟的编列组合、音列音阶的设定，直至形制纹饰、造型工艺、双音技术的应用等特征，都体现出了当时乐悬的一种严密的规范，都体现出了它们的背后起着制约作用的“礼乐制度”。而这些乐器所透射出来的十分具象的历史信息，已失载于既有的历史文献。刘非墓的发掘和本课题即将开展的音乐学研究，无疑将又一次对今日经数代学者的努力构建起来的、并仍在沿用于高等院校课堂上的汉代音乐史，提出了新的挑战。

改革开放以来中国电影话语体系构建

课题类型：文化部文化艺术科学研究项目

课题负责人：谢阳

立项时间：2014 年 9 月

结项时间：2017 年 9 月

最终成果形式：专著

课题简介：

电影作为 21 世纪主要的大众媒介，成为参与和构建当代中国核心价值观的重要载体。相比用文字书写的文学作品，电影更能超越语言和教育程度的限制，用形象的、直观化的形式让大多数人理解和接受；同时相对戏剧（戏曲）等艺术形式，其传播范围可以借助科技的发展，更快速、更简便地超越时间和空间的局限，达到最大范围的传播。改革开放以来中国电影在主流意识形态和现实批判夹糅的话语体系中，不断参与着中国现代化的进程，并螺旋式上升为一种构建国家文化软实力的重要组成部分。中国电影话语体系构建像其他思想理论领域一样，总是与社会的转型紧密相联，是一个历史前承后继的过程。在这之前，中国电影曾在“延安文艺座谈会上的讲话”精神下，为构建现代民族国家的本土话语体系起到过重要作用，通过电影宣传，服务于战时需要，成为构建新的民族国家“想象共同体”的一种重要技术手段，与当时的意识形态达成一种同构的关系。

1978 年改革开放以来，中国电影经历了很多重要的转折时期。从 1978 年开始，整个 20 世纪 80 年代，是一个思想大解放的时代，中国电影获得了更多的自由表达空间。整个电影创作在对过去透彻的反思，对现实清醒的认识和对未来热烈的憧憬中，产生了一大批契合时代节拍的优秀影片。这一时期的代表作品《小花》、《庐山恋》、《我这一辈子》、《牧马人》、《少林寺》、《黄土地》、《血战台儿庄》、《红高粱》，不仅展现了爱情之美、家庭之温馨，而且还对历史从传统文化、乡土情怀中进行了深刻的反思，不仅很好地展现了 20 世纪 80 年代中国社会的朝气蓬勃，还为第三代、第四代、第五代导演塑造了最美好的时光，使中国电影浓墨重彩地登上国际舞台，传播中国形象。进入 20 世纪 90 年代，中国电影同样经历着这个时代阵痛般的商业转型。电影作为一种商品，开始重视经济上的商业回报，电影的创作也随之步入“现实主义”（经济第一），中国大片十年发展开始，从《英雄》、

《无极》到《赤壁》，无论口碑如何，确实从电影工业方面来看是一套成功的路数，也带动起整个电影业的复苏。进入 21 世纪全球化时代多元化的发展，中国加入世贸组织，中国电影也进入了国际博弈时代，电影作为文化软实力的概念被提出，要求电影的内容更加深入中国人的生活，全方位地表达和阐述。

三十余年的光影记忆，中国电影与当代社会思潮、社会经济发展构筑成一个完整的话语体系，电影的轨迹犹如百年中国现代化进程的压缩，在电影的世界里，再现了过去、表现着现在、憧憬着未来，所以对于中国电影话语体系的研究要深入到社会转型时期结构、思想意识等诸多层面，发现社会因素是如何以其转型变化影响着电影创作和理论发展。在研究的过程中，需要有意识地强调立足当下中国的社会转型，从当下的时代现实出发，坚持问题意识，确认在当下社会变革中中国电影所面临的难点和焦点问题。在社会转型的不同历史阶段中，通过研究当时的社会文化系统和电影本体的同时，努力开阔视野，进行条件性与语境性的外延式研究，以此求得改革开放以来中国电影话语体系构建，从文化根基与中国特色的思维方式角度，站在当下时代高度上给予解答。这其中涉及史论兼用的问题、社会文化的历史追问问题、电影理论基本问题、电影的现代性问题，等等，这些问题，都是当下中国电影话语体系构建的焦点问题，每一步思路的开展都富于挑战性和开拓性，每一个研究成果的产生都将是全新的视野。

大声音史观下的中国早期电影研究（1896—1949）

课题类型：文化部文化艺术科学研究项目

课题负责人：徐建华

立项时间：2014 年 9 月

结项时间：2017 年 9 月

最终成果形式：专著

课题简介：

本课题试图建立“大声音史观”。所谓“大声音史观”，指的是将声音置于更大的历史语境之中，以政治、经济、文化、社会、技术、美学等全方位的研究视角，分析电影及社会空间中存在的声音现象。也就是说，研究的不仅是电影中的声音，而且包括社会生活中的声音，以及两者之间的动态关联。从声音的角度切入中国电影史研究，必然是“重写电影史”的一条崭新之路。事实上，“新的范式”、“新的观念”是重写电影史的根本。本课题试图在“大声音史观”的指引下，借鉴“新文化史”的研究成果，将社会、政治、文化与经济动因进行串联，构建电影声音研究的新范式。

本课题试图拓展电影声音研究的“领地范围”。在电影学研究领域，电影声音一般被简单地分为音乐、音响、语言三大部分，当然，这也是本文研究的重点。本文试图对这一概念作进一步拓展。首先，加入默片时代的声音要素研究，包括戏院和电影院中配乐、解说、音响的研究，以及默片时代影片画面中的声音表现研究。此类声音效果属于“隐形”的声音效果，但是当画面中的字幕或是演员的表情和动作体现出声音意象之时，画面本身也就具有了声音意识；其次，同时关注声音的声学特征和内容特征。声学特征包含声音的节奏、音量、频率等，内容特征则体现在语言、歌曲中文字包含的寓意。再次，将声音看作是文化、思想的承载对象。即声音本身超出本体的研究范畴，将其置身于更加广泛的社会、政治、文化语境下去思考，探究电影中声音出现的原因，及对于观众和社会带来的持续性影响。事实上，本课题不仅仅研究“电影中的声音”，还探讨影院中观众的声音、媒介传播的电影音乐、公共空间中的电影音乐、社会空间中的时代音响、战争音响、方言、白话文运动等。

本课题将新文化史的研究方法作为本文的重要研究维度，“从下向上”地研究中国早期电影与声音之间的关联，切实关注早期电影观众的生存空间、媒介习惯、交通方式、语言应用、文化爱好、视听感知等领域，深层次挖掘声音现象与早期社会的关系。但是并没有摒弃社会史的“从上而下”的研究方式，结合传统史学的研究方法，分析政治与经济在电影发展中的推动力。

本课题重点分析具有现代性特征的“声音空间”对中国早期社会产生的影响。20世纪三四十年代，中国社会面临巨大的转型。西方工业成果、文化成果大量涌入，中国社会经历了一场现代性的冲击。西洋音乐的出现成为中国早期电影声音的开端，中国观众在西洋配乐的环境中观赏电影，形成了跨文化的感官体验。有声电影出现之后，西洋配乐更是作为电影中的重要吸引力元素，与影院环境一起构建起观众的观影空间。声音的跨媒介能力很快得到体现，电影音乐通过唱片、广播、歌舞厅音乐等形式获得广泛传播。

本课题试图探讨早期类型电影的声音特征，包括声音构成元素，声音参与叙事的方式等。例如将武侠片的声音要素进行分解，分析武侠电影中音乐的特色、音响的特色、语言的特色，以及音乐、音响、语言在武侠电影中的配合方式。由于中国早期类型电影中的声音设计以学习、模仿好莱坞为开端，还将关注于中美早期类型电影声音的对比。本课题除了对类型电影声音的文化内涵、政治隐喻、商业吸引力的分析之外，还将从声音本体出发，探讨中国早期类型电影的音乐特质，包括节奏感、音量、频率、明亮度、丰满度、清晰度、平衡度、柔和度、力度、真实感、空间感。通过这些探讨试图对于当今的电影声音创作进行指导。

近代宫廷戏曲档案文献研究

课题类型：国家社科基金艺术学一般项目

课题负责人：杨连启

立项时间：2014 年 9 月

结项时间：2017 年 9 月

最终成果形式：专著

课题简介：

档案的梳理研究是历史研究的基础，包括清代宫廷戏曲在内的任何历史研究，都应建立在一手档案的基础之上，才能全面、整体、翔实地还原历史的本真。因为现代戏曲理论与戏曲理论批评是建立在可靠史学基础之上，若失去丰富多彩的历史画面，理论就会显得苍白无力，只有档案的实证研究和具体分析，才能使戏曲史研究回归理性与本真。宫廷戏曲研究在近三十年来获得了长足的发展，特别是近年来随着皇城游炙热，宫廷戏与昇平署更成为学者们争相涉足之领域。但是自从 20 世纪 30 年代至当代虽研究资料发表不少，但一手图文档案出版却是寥寥，这也限制了宫廷戏曲实证研究与参与的广泛性。新世纪以来由于国家档案、国家图书馆、故宫博物院图书馆陆续开放并出版了大量宫廷档案，为宫廷戏曲文献研究铺平了道路，本课题着力将档案文献归纳、梳理，分类，著述少见之档案，为戏曲史之研究提供了坚实的佐证，该课题的研究会带动宫廷其他时期档案研究，且为后来学者之研究提供参考。

清代宫廷戏曲研究是戏曲史、京剧史甚至清史研究的重要课题。清代宫廷对戏剧十分重视。戏剧不仅是娱乐工具，更被提升至礼乐的高度，成为宫廷仪典的重要组成部分。这历代未有之创举，使中华戏曲文本化走向了新的高峰。作为宫廷仪典重要组成部分的戏曲演出，自康乾盛世一直延续至同光时期，戏曲伴随着清王朝盛衰、荣辱延续近三百年。有清一代，朝廷对戏曲的管理有着一套完备的制度。帝后对戏曲的爱好、宫廷剧本规整以及内外学绝佳的艺术素质、宫廷丰厚的物质财力都在某种程度上促进了戏曲的发展与提高。

由于各种原因，宫廷戏曲档案文献研究落后于时代的发展。本课题拟参考历年出版宫廷档案，精心分类梳理、研究，对道光、同治、光绪三朝包括清代帝后关于戏曲演出的谕旨，内廷排戏演戏角色安排，演出后赏赐物品、钱粮数额，万寿庆典，戏台修缮，戏箱行头道具制作，管理精忠庙带戏档，升平署内外学开团场、节令、宴戏、大戏，里外昆、弋、乱弹、轴子、杂戏等总目录在内的重要文献进行实证研究，不仅会完善戏曲史研究的重要章节，也将会对清代戏曲史、京剧史的研究产生深远的影响。

中国早期电影史中的现实主义传统

课题类型：文化部文化艺术科学研究项目

课题负责人：张慧瑜

立项时间：2014 年 9 月

结项时间：2017 年 9 月

最终成果形式：专著

课题简介：

中国早期电影史指通常约定俗成的 1905 年到 1949 年，现实主义传统则是一种宽泛的电影创作方法、影像风格和理论实践，其基本含义为一种关注现实、营造现实、建构现实的艺术理念。本课题主要考察 1949 年之前中国电影史中的现实主义传统，根据不同的时代区分为 20 世纪 20 年代现实主义电影的萌芽时期、30 年代新兴都市现实主义电影时期、三四十年代孤岛时期的隐喻现实主义时期和 40 年代中后期的批判现实主义时期。

本课题从现实主义电影的特定角度来重新理解中国早期电影史，打破了左翼电影、都市电影等既有的概念，在现代性的视野下考察中国电影如何建构中国影像的"现实"，突出艺术现实与社会现实之间的纠缠关系。对于中国早期电影史来说，通常的描述建立在几组二元对立之上：其一是共产党左翼电影（进步）与国民党党营电影（反动）；其二是抗战电影与汉奸电影；其三是政治电影与商业电影等。本研究的基本思路就是打破这些固定的二元对立，呈现彼此对立的论述之间的互动和呼应关系。电影作为一种大众艺术，受到政治、经济、文化多重因素的制约，也更为复杂。

本课题以电影文本解读为中心，以对电影生产、放映、发行的分析为参照，把电影放在一种复杂的历史、文化和政治语境中来处理，也就是电影史与文化研究相结合的研究方法。本课题研究重点在于打开电影文本、电影史叙述的复杂性，从政治、经济、文化等不同角度来论述电影的文化政治（涉及对官方意识形态、政治或商业的考量）。难点在于很多电影文本遗失，需要更多地借助报刊、杂志来弥补影像上的缺失。本课题打破对于1905—1949年中国现实主义电影的一些固定观念，指出现实主义电影的多重面向，如左翼电影与国民政府的主流意识形态之间的互动关系、政治电影与商业电影之间的"契合"以及电影文本的多重政治认同的可能性。

本课题的创新之处在于，避免单一化地阐释电影的文化含义，更辩证地理解20世纪20年代、30年代以及40年代在复杂政治局面下中国电影的成就，通过政治与电影、商业与政治的讨论，为重新理解1949年以后以及20世纪80年代中国电影提供学术参照。

法国存在主义艺术理论研究

课题类型：文化部文化艺术科学研究项目

课题负责人：张颖

立项时间：2014年9月

结项时间：2017年9月

最终成果形式：专著

课题简介：

20世纪中叶，即第二次世界大战结束至60年代，法国存在主义思潮达到极盛（这个时期之前和之后，思想的典型性大打折扣），在各个文化领域和社会生活里风靡一时。这股思潮在艺术理论领域造成的重大影响，至今余绪不绝。这就是存在主义研究在西方学界长盛不衰且新见迭出的原因所在。因此，在我国已有成果的基础上，吸收国外研究的最新成果，系统研究存在主义艺术理论，将为我国的外国艺术理论研究做出切实推进，并将为我国当代艺术现象的阐释提供更加有力的理论工具。存在主义是一种人道主义。我国当下正在进行的社会改革，是以人文关怀为宗旨的运动。本课题所进行的存在主义艺术理论研究，将为这项社会文化运动提供有价值的理论支撑。

本课题的研究内容为法国存在主义艺术理论（1945—1955），研究对象为当时法国存在主义思想家的理论作品和艺术作品。首先，钩沉文献，翻译文献。文献类别有二：思想性的专著；思想家创作的艺术作品（如萨特戏剧、加缪小说等）。第二步，以各艺术门类为纲，分门别类展开思想与作品的交叉研究。这样的研究思路为的是尽量避免论述上的空泛，以求在具体艺术上得出具体结论。

本课题采用文本研究和比较研究方法。注重材料来源的可靠性，采用第一手外文资料。在兼顾存在主义思想同一性的同时，侧重于比较不同思想家之间的差异。将哲学方法、艺术学方法和社会学方法相结合，既厘清存在主义艺术理论的哲学基础，又兼顾艺术学上的切实推进，并从社会学角度对思想家、艺术家们的交往进行考察。

本课题将致力于纠正国内已有成见，比如，存在主义艺术理论的特征往往被界定为“非理性主义”，本课题通过对第一手法语文献的分析，将证明这是完全错误的定位；又如，梅洛－庞蒂的塞尚研究向来被看作现象学哲学在艺术领域的应用，而本课题将证明，它其实更是一个存在主义的典型案例。目前在我国，对存在主义艺术理论的系统研究是一项空白，本课题将通过法语文献的整理和分析，努力填补这项空白，呈现该领域的全貌。

美欧机构所藏宋代绘画研究

课题类型：国家社科基金艺术学一般项目

课题负责人：赵权利

立项时间：2014 年 9 月

结项时间：2017 年 9 月

最终成果形式：专著

课题简介：

本课题的研究对象为现今收藏于美国和欧洲各机构的宋代绘画作品。针对此研究对象，本课题将主要涉及以下内容：一、美欧机构所藏宋代绘画作品概况，包括作品的统计、分类与收藏分布等情况；二、美欧机构收藏宋代绘画作品的历史及其收藏原则（可以此透视西方的中国文化观）研究；三、美欧机构所藏宋代绘画作品的展览及研究情况、研究成果及其价值；四、美欧机构所藏宋代绘画作品的艺术史分析；五、重要作品及画家的个案研究；六、有真伪争议的作品案例分析等。此外，在可能的情况下，附录美欧私人收藏宋代绘画作品概况。

据统计，目前存世宋代绘画作品共约一千三百件，大部分收藏于中国大陆及台湾地区，但仍有二百余件收藏于美国和欧洲的不同博物馆或研究中心等机构，其中不乏经典和重要作品。这些作品，是中国古代文化遗存宝库的重要构成部分，对这些作品的研究，无疑也是中国绘画史研究不可缺失的重要内容。长期以来，由于种种原因，国内学界对这部分作品的研究，或者其有关宋代绘画研究中对这部分作品的利用存在种种不便，使得其研究的深入程度和创新性难免受到局限。而欧美国家学者对这部分作品的研究，又因其文化背景的不同、研究方法的分歧，虽有不少很有分量的成果，却难以为国内学界所彻底认同。加之欧美地区从事中国绘画研究的学者人数极其有限，相当部分的学者研究领域又多集中于元代至民国时期，特别是明末清初时期，而对于宋代绘画的研究相对较少。这种现状，无疑与美国及欧洲收藏有大量优秀的宋代绘画原作的现状不相匹配。

美欧地区研究中国古代绘画的学者，大多数仍然是拥有西方文化背景的欧美人。而基于西方文化视角和观念的西方学者，对于中国绘画的解读，必然是从西方文化的立场出发的。尽管这种解读有其独到之处，但也常常因为很难深入或触及中国文化的特性实质而常常为国内学界所诟病。如此，长期以来，对于相同领域的学术研究，中国与欧美地区的学界始终存在阻碍交流的鸿沟，致使研究成果很难得到真正共享。因此，有必要加强中国学者对于境外收藏的中国古代艺术品的研究，并加强交流，重视真正接近中国文化实质的文化解读方式。而对于美欧所藏宋代绘画的研究，恰恰是这种设想的一个重要部分，无疑值得提倡和支持。

另一部分美欧研究宋代美术的学者（包括华裔学者），其研究领域更多集中于一些专题，如圣像画、献瑞题材、皇家赞助、道教文化等，这与本课题的研究对象也是不相同的。

21 世纪，由国家所倡导的中国文化发展战略的重要内容之一，是中国文化的世界性推广。而作为中国文化推广战略的重要内容，艺术作品特别是中国古代绘画作品，无疑会成为传递中国文化信息和特性的最为重要的媒介。这些收藏于境外的中国古代绘画原作，与国内的古代绘画藏品比较起来，在中国文化的世界性推广中具有更强的地缘优势，应当成为中国文化走向世界的重要资源。因此，加强对其研究，必定会积极推动中国文化的世界性传播，也理应成为当前国家文化发展和推广战略的重要组成部分。

2013 年度结项课题

戏曲电影艺术论

课题批准号：07BC23

课题类别：国家社科基金艺术学一般项目

课题负责人：高小健

立项时间：2007 年 8 月

结项时间：2014 年 11 月

最终成果形式：专著

课题简介：

中华民族在以文学和戏曲为代表的叙事艺术的长期熏陶和滋养下，形成了自己独特的叙事审美需求和习惯，并养成了以真善美为核心的艺术思维准则，形成了对人、对事、对社会等的独特看法和行为方式，所以，包括戏曲在内的文学艺术的形成和发展对中华文化、民族特性的形成、继承和发展是起到了积极的作用的。而戏曲电影借助自己的传播优势，为中国戏曲的广泛传播，宣传进步戏曲中蕴含的中华民族传统文化和道德观、价值观发挥了积极的作用。特别是新中国戏曲电影为戏曲的新生和宣传新的思想、世界观，满足广大人民群众的审美娱乐需求发挥了巨大的功能。

戏曲对中国电影民族风范的形成和发展奠定了坚实的基础。在中国民族电影的叙事思维、视听语言、表演等方面都为电影提供了丰富的艺术参照和艺术营养。研究戏曲电影的创作规律有利于对中国电影的民族传统的深刻认识。研究戏曲电影的这些艺术特征和美学特性有助于为这种独特的电影种类最终建立起系统的科学的美学和艺术技巧的体系，这也是中国电影对世界电影的一个重要贡献。

本课题属于一种跨学科研究，既有属于戏曲艺术美学范畴的理论，也有属于电影艺术美学范畴的理论，但它还是也主要是一种在两种美学体系融合过程中形成的一套相对可以独立的属于戏曲电影的独特的艺术创作和理论形态。立论力图抓住这个中心线索，阐述这种美学融合又相对独立的体系的形成过程和特征。又因为戏曲电影美学和理论的形成是一个历史的发展过程，所以，要把它放在历史的和同时期戏曲和电影创作环境的交叉坐标中去认识和总结，在马克思主义辩证唯物主义和历史唯物主义方法指导下，用科学的发展的观点来看待戏曲电影创作和发展的科学规律。以理论和美学阐述为主，以历史叙事为支撑，做到论述充分深入，论据充足有力。由于这个课题的研究尚属起步，因此具有创新性和开拓性。

本课题分为五个部分：绪论、文化论、本体论、审美论、结语。绪论在于解决戏曲电影存在的客观性和必要性，指出其在中华民族文化艺术品种当中的地位和传统文化、审美与当代艺术之间的勾连与贯通特点，特别是其背后的文化原因与渊源所在。文化论描述了新中国成立以来新的意识形态对于旧戏曲的改造，而戏曲电影也加入到这种改造的过程中来，为新戏曲的传播发挥了积极而重要的作用。本体论主要从本体角度来探讨戏曲电影的形态特征和审美特性。审美论从艺术美学角度对戏曲电影进行了较为深入的探讨。结语是对整个课题所讨论的问题进行梳理，并对戏曲电影的理论建设提出自己的设想。讨论戏曲电影观念和美学，一方面是期待理论和方法上的不断深入、有所创建，另一方面是对历史叙述的观照态度。在戏曲电影创作所受到的历史、社会、文化、艺术、技术、市场的影响与自身的变迁中，在创作观念上的最大影响体现在对于戏曲艺术的态度上，有偏于继承的，有重于改造的，还有持欣赏性旁观的，这些不同的态度，导致了戏曲电影创作风格和方法的不同差别，也就形成了戏曲电影创作的不同流派特征。从总体追求上，不论戏曲电影的创作长于叙事还是长于表现，给我们的一个根本的观赏结果是戏曲电影的审美，它以其对传统文化的传承，以其美轮美奂的视觉营造，都成为具有很大欣赏和审美价值的艺术形式和观赏娱乐对象。在今天，戏曲在文化遗产方面的价值也使得戏曲电影成为一个重要的媒介平台，并可能发挥出更大的文化作用。这种不同历史阶段的文化侧重，戏曲电影都是一个重要的历史见证，其自身的文化表达和民族文化身份，也同时成为中国整体文化建设发展中的一支重要力量。

徐悲鸿论稿

课题批准号：07BF42

课题类别：国家社科基金艺术学一般项目

课题负责人：华天雪

立项时间：2007 年 8 月

结项时间：2014 年 4 月

最终成果形式：专著

课题简介：

本世纪以来，近现代中国画研究渐成显学，对于徐悲鸿这样一位在创作、教育、理论各方面均造成相当影响的画家，停留在遮蔽状态下的认识显然已经成为对近现代美术进行整体正确把握的一大障碍，成为亟待解决的重大问题。“徐悲鸿”是 20 世纪绕不过去的课题，在他身上集中呈现着 20 世纪中国美术发展中值得借鉴的经验和值得警示的教训。

本课题以问题研究为主，兼带问题研究中相关资料的收集与订正，在材料丰富、证据确凿基础上的深入研究，小题大做、稳扎稳打。这种方式具有相当的持续性，可以不断继续下去，不受时间或某个课题任务的限制，并将最终形成对徐悲鸿的越来越趋于客观、真实的认识。

本课题的主要研究成果是《徐悲鸿的中国画改良》，借鉴西画对中国画进行改良，是徐悲鸿毕生美术理论及实践最核心也是最重要的部分，他不仅重视在理论上为其这一实践主张建构起一个框架，而且在具体实践上做出了独特的范式。其中国画改良包括题材内容和形式语言两方面：在题材内容方面，不仅大大扩展了人物画、花鸟动物画的取材范围，还在大场面、主题性群像上探索出一条路，影响至今，另外还很大程度地拓展了传统中国画的精神寄寓性，完成了从文人士大夫向现代知识分子的精神转变；在形式语言方面，他在选择性利用笔墨的基础上，在将素描转换成笔墨、将人体作为一种语言纳入到中国画中、暗含焦点透视的平面性空间处理方式、略含光色表现的平涂性色彩处理方式等方面，做出了可贵的尝试，至今仍然是中国画的一个重要模式，最好地诠释了中西融合这一百年的追求。《一段清晰又朦胧的历史——徐悲鸿在星马》及《此行有多远——徐悲鸿最后一次出游南洋考》，探讨 1939—1941 年徐悲鸿的“南洋时期”，这也是他创作精力最为弥满、佳作频出的时期，但因地理阻隔外加走得仓促，遗留下大量作品，成为“徐悲鸿研究”中最为混乱的一个时期。这两篇文章除了对现有材料进行梳理外，还对一些可能性进行了符合美术史逻辑的推测，希望对学术研究的材料处理做一种尝试——徐悲鸿之出走南洋，未必如一直以来正面宣传中努力树立的实情，虽然确有为国难募款的成分，但从材料看，其动机或计划中，或许有一去不返的可能，如果真如此，也并不妨碍我们对其贡献国家的肯定，而需从人的角度作“同情的理解”。《齐白石的知己：徐悲鸿》根据新公开的北京画院藏徐悲鸿致齐白石的几十封信札，再结合其他材料，对齐、徐关系进行梳理，从交往和个性的角度更细微地把握画家，以求对其艺术作更深入的把握。《徐悲鸿的一九四九》以课题负责人多年搜集的诸多新材料为基础，以1949年这一历史发生转折的年代为中心，以时代背景为参考，对徐悲鸿以及他所主持的国立艺专的基本情况进行梳理和分析，力图细微地把握在时代和政权发生巨大变动的情况下，一个旧时代的知识分子所感到的震动、鼓舞、困惑，从个体的命运透视时代的变迁，并连带将1949年2—4月的北平军管时期的社会状况进行了首次厘清，论证出徐悲鸿在新时代不能尽如己意的必然性。

本课题力图全面、客观、真实地把握徐悲鸿，还其本来面目，解答从他身上提示出来的美术问题，以期从中找到可供今天及未来中国美术教育和美术创作吸取的经验和教训，最大程度地改变美术界对徐悲鸿概念的、虚饰的、空洞的认识，达到细致、丰富、生动地认识作为一个“人”的徐悲鸿，以及作为一个画家、美术理论家和美术教育家的徐悲鸿。

西北高原汉族音乐文化区民歌系统化综合研究——西北高原内区音乐文化分层描述之民歌

课题批准号：03BD037

课题类别：全国艺术科学“十五”规划国家年度课题

课题负责人：李玫

立项时间：2003年8月

结项时间：2014年2月

最终成果形式：研究报告

课题简介：

本研究报告以西北音乐文化内区为研究范围，对《中国民间歌曲集成》之山西卷、陕西卷、内蒙古卷、宁夏卷和甘肃卷中的山歌和小调（主要是一般小调）

进行全面分析，是一项原创性基础理论研究工作。这项工作最大限度地发挥了集成的存在价值。音乐人类学的文化研究应该是包含着对音乐载体本身的元基础研究，以及从元基础中挖掘出表达人性激情的技术手段，才能更好地理解有关精神、心灵等关于“人”的命题。人类经历长久的锤炼，终于使音乐具有了独立存在的艺术属性。尽管集成的记录方式使旋律脱离了原在环境，尽管记谱体系本身有力所不逮之病，但不可否认，集成是个巨大的旋律数据库。即使这些旋律已经被从社会关系、社会活动中剥离出来，但它们和人的关系，和地方的关系已经化作形态语言，构成旋律本体的文化内涵。这些旋律所负载的、或者说凝聚着技术的历史和变迁，是值得研究的。

汉族民间音乐中的技术规律有章可循。在几代音乐理论家的努力下，我们对民间音乐形态结构有了很丰富的认识和总结，但由于缺少系统性的分析模式，各种研究结论还处于较为个人化的认识，研究手法缺少可交流性，研究结论也没有一个可检验的方法标准，研究结论质量高下取决于研究者个人的学术修养。这种格局其实不利于学科建设，尤其是基础理论建设。此项研究设计的体系化分类是总结了既往的研究成果，对于一些已经有普遍共识的可抽象因子进行提炼，设计成编码，实现这个研究模式的可操作性。

本课题通过统一的编码对 1626 首西北文化内区山歌和小调进行客观描述，在这个繁重的基础性工作后，终于看到了天边彩虹。在近一百页的枯燥编码数据之后，获得了把握西北音乐文化内区歌种形态的制高点，具备了深入理解这套原在文化品种技术构成的手段，可以更深入地理解这套生生不息、不断增长的系统性知识。在实际的操作过程中，这套方法不断地显示其逻辑的力量，它不仅有助于我们将原已形成的一些模糊感觉条理化、清晰化，进而上升为理性的总结，还具有纠错功能。在统计分析这些编码时，每当一个特殊形态出现时，编码系统指示我们重回谱面，分析音乐形态的内在结构，找出这种特殊形态的存在是合理的，必然的，还是囿于记谱讹误。在未提交的案头分析底稿部分，一些同类、同源曲调已经开始聚焦，如同巴托克愉快地提到的“使用这种分类法一定能把完全一致的曲调并行排列起来。它也适用于大部分曲调的变体”。在这个分析体系中，本课题使用的学术性抄谱方案本身就是一项理论研究工作，在短期内无法完成所有曲谱的分析性抄谱。但毫无疑问，这种抄谱方案的理性后发力是可预见的，它可以梳理乐曲谱系，不过谱系梳理并不是本次报告中必备的内容，是否能分辨出古老风格和较新的风格，也无关大局，但这个系统性分析模式有能力探索这些问题。这是可以预见的。它也可以凸显乐种特征的形态要素。通过对这些要素的提炼，我们可以从对乐种的感性认知上升到理论描述。在对方言区内所有乐种进行这种操作，可以高效准确地描述出理论性特征，继而推广到各种方言区和所有乐种，此学科的形态理论将会摆脱"文化拼贴形态"，达到真正成熟。

本课题的完善与成熟，可以推广到各音乐文化区的分析研究，最终可以凝练成系统性理论，吸纳到基础理论教科书中。对于音乐史学、音乐形态学、音乐人类学、音乐与文学的关系等领域，都有很大的展开空间。在健康的学术研究环境下，正常的学术氛围下，这样的研究方法可以有积极的学术影响力。

百年中国电影改编史

课题批准号：07BC22

课题类别：国家社科基金艺术学一般项目

课题负责人：李清

立项时间：2007年8月

结项时间：2014年2月

最终成果形式：专著

课题简介：

中国电影文学改编无论在数量上还是在电影自身发展历程中，都有着举足轻重的影响力，甚而引领电影的新导向；而从理论上说，改编研究在国际国内电影学术界也日益引起重视，并趋向形成一门新兴的学科。因此作为电影史学的一门重要分支——中国电影改编史，把文学改编提升到电影新学科的地位，让文学改编史在众多的电影史辑中占有一席之地，从而填补了电影史学门类的一项空白，从学科建设的角度来看，本课题对于中国电影史研究有着开拓性的贡献。

本课题由八章组成，通过对中国一个多世纪的电影与文学改编脉络的梳理和描述，论证了文学改编在中国电影中，无论是数量还是品质方面，都有很大的影响，占据着极重要的位置，甚至在某些阶段起着引领风潮和主导推动电影发展繁荣的作用，对于今天中国电影的兴盛格局起着重要的作用。第一章主要阐述从中国第一部电影《定军山》将戏曲片搬上电影银幕的样式改编开始，早期电影拓荒者在生态极为恶劣的环境中，靠着敏锐的商业嗅觉，选择为观众喜闻乐见的富含民族文化魅力的戏曲和文明戏作为改编对象，拍摄了各色形态的滑稽短片和短故事片。第二章主要阐述历来被正统电影史学评价不高并常常被忽略的“鸳鸯蝴蝶派”文人团体对早期中国电影的贡献。第三章研究了在抗战时期，“左翼文学”团体对中国新兴电影运动的主导推动作用，在中国特殊的历史时期他们以积极的姿态投入中国电影事业，并改编了大批以茅盾《春蚕》为代表的现实主义作品，给中国电影带来了摧枯拉朽式的影响，给20世纪30年代的中国电影带来了思想和艺术的双重变革，让中国电影人更关注现实，更具有时代使命感和社会责任感。第四章论述了新中国成立后的“十七年”，文学改编呈现繁茂之势，在紧张的政治历史语境下，中国电影借助更为成熟的被主导意识形态已经认可的文学作品进行改编，使新中国成立之初电影创作很快出现热潮。第五章分析了改革开放的新时期，从解放思想运动的文学思潮影响到中国电影的复苏，老中青三代导演分别借助名著和当代富有影响力的文学作品进行电影创作活动。第六章主要阐述20世纪80年代末以后，中国电影进入了后新时期，全面走向了市场化，成为大众消费的文化商品，电影改编也不免受到市场化的影响，呈现出了新的特点，剖析了几代艺术家借助文学改编完成了他们的美学风格转型和对时代变迁的阐释。第七章探讨了中国影坛上的生力军——第五代导演群体在文学牵引下进行电影创作，他们对文学世界的青睐已成为这个群体的独特艺术标志，而文学作品所特有的意蕴也给他们的作品带来丰厚的艺术滋养和灵感。第八章主要从全球化背景下，运用后现代文化特别是消费文化的理论，立足于中国电影改编艺术自身的历史发展变化，并结合文本分析，以消费文化语境作为观照，对新世纪中国电影改编进行研究和读解，探索中国电影改编在新世纪所呈现出的新的美学追求。

本课题作为第一部关于中国电影改编的史学专著，对中国电影有史以来的改编创作实践作了连贯的梳理和叙述，对研究对象的历史嬗变和阶段性特征，作了较为细致的探究和总结，这种通史性写作对于全面系统地了解中国电影的发展历史有着不可替代的价值。同时，本课题研究成果以及所梳理的改编创作的多元实践，对于推动“改编理论”研究提供了实证性的支持。

现代性视域中的西方艺术思潮

课题批准号：11BA010

课题类别：国家社科基金艺术学一般课题

课题负责人：李世涛

立项时间：2011 年 8 月

结项时间：2014 年 2 月

最终成果形式：专著

课题简介：

目前，国内多数的西方现代艺术思潮研究局限于现象的描述、事实的陈述、作品的介绍和赏析，视野不够开阔、研究方法单一，甚至缺乏研究性，很难从根本上把握西方现代艺术思潮，尤其需要以理论带动、深化、推进既有的研究。现代性研究是西方 20 世纪 90 年代以来西方人文社科界的显学，至今仍有活力，成果不断，但是，国内严重缺乏从现代性角度研究西方现代艺术思潮的成果，仅有的少数成果仍然主要局限于对个别艺术家、艺术思潮的个案研究，较为零散，从这个角度整体上系统研究西方现代艺术思潮演变的成果几乎是付之阙如。本课题立意突破或克服这些缺陷、弥补其不足，并做出了有益的探索。鉴于此，本课题推进了我国对西方现代艺术思潮、艺术现代性、现代艺术的研究，也能够为中国的艺术实践、艺术理论、艺术研究提供借鉴。

从本课题研究可以看出，西方现代艺术思潮的演变有一定的必然性和规律，大都是对当时的社会秩序和社会现代化的基本价值观的不满、反抗及其表现，也是对传统或此前艺术思潮的局限性的反叛，以及由此引发的创新，当然，也有对传统的继承、转换、发扬、发展。就其发展的基本态势而言，现代艺术思潮倾向于反传统、追求创新。值得注意的是，反叛社会、继承和否定传统、创新的情况都比较复杂，有成绩，也有绝对化、简单化、极端化、形而上学的错误或失误，并需要科学的、具体的分析。因此，西方现代艺术思潮的成绩与局限并存，必须科学地总结其得失。这样，有利于把握西方现代艺术思潮、现代艺术，也可以为我国的艺术实践、艺术研究服务。

本课题有意识地运用社会学理论的成果，改变了艺术研究缺乏理论意识、理论自觉的现状，开拓、深化了既有的研究成果，提高了研究的洞察力和学术性，这样系统、深入的研究在国内外都不多见。本课题的内容丰富而复杂、时间跨度大、涉及面宽、较难把握，要求研究者有丰富的现代艺术知识和较高的理论素养，但研究者立足于艺术本体，以现代艺术思潮为重点，把具体的艺术思潮作为点、把艺术思潮的发展作为线、把西方现代艺术的整体作为面，兼顾了点线面，同时，还照顾到了艺术现象的丰富性，注意了理论与实践的结合。本课题采用跨学科的研究方法，积极吸收社会学、哲学、美学、文艺理论等学科的成果，通过艺术现代性的中介，科学、全面、综合、深入地研究了现代性和审美现代性影响下的西方现代艺术思潮，使研究获得了理论的穿透力、贯通性和一定的深度，有助于从根本上促进对西方现代艺术思潮、现代艺术的研究。

本课题关于西方现代性、审美现代性、艺术现代性及其关系的研究深化拓展了学界的相关研究，有重要的学术价值；从现代性、审美现代性、艺术现代性角度系统地研究西方现代艺术思潮，克服了学界在这些方面研究的盲点、单薄和零散化的现状；有助于从根本上认识、把握西方现代艺术思潮，推进了我国对西方现代艺术思潮的研究；带动了国内对西方现代艺术现象、艺术实践的研究，也为发展中国当代的艺术实践、艺术研究提供了经验和教训。

新中国书法史

课题批准号：07BF44

课题类别：国家社科基金艺术学一般项目

课题负责人：李一

立项时间：2007 年 8 月

结项时间：2014 年 8 月

最终成果形式：专著

课题简介：

书法是优秀的传统艺术之一，具有悠久的历史，历史上书法大家辈出，名帖名碑涌现。历史由古代到现代，尤其是到了新中国，书法这门传统艺术状况如何，有没有发展，有哪些发展，存在什么问题，对此应该有所研究，因为这关系到书法自身的发展，还关系到民族文化发展的问题。研究新中国书法史，不仅具有重大的历史意义，而且对推动当代书法的发展具有重大的现实意义。

本课题首次对新中国书法 60 年的发展脉略、基本走向、时代特色、历史成就作了系统的梳理和归纳，结合新中国大的历史文化进程，对 60 年间的书法创作、书法研究、书法教育、书法社团活动、书法交流和传播、重大书法展览、主要风格流派、代表性书法家主要成就作了概要性评述。本课题认为，新中国书法经历了前所未有的社会之变，面临着文字改革和日常书写工具的改变等多种考验，同时又欣逢前所未有的发展机遇，和平时期的新中国为书法发展创造了良好的环境，考古新发现为书法发展提供了丰富的历史新资源，新闻出版的快速发展和电子网络传播的兴起推动了书法的普及和提高。新中国书法经受住了考验，抓住了发展机遇，具有鲜明的时代特色，取得了很大的成就。

第一，书法在新中国走近了人民大众，人民大众真正成为书法创造和接受的主体。第二，书法进一步走向社会公共空间，成为当代社会的公共化艺术。第三，新中国书法种类丰富，艺术性凸显，创作意识强化。第四，书法的多元共生态势日趋明显。新中国书法的突出成就可概括为：一是书法事业的多方面发展，书法的组织建设、交流传播、人才培养、编辑出版等方面均有开创性发展。二是创作流派纷呈，风格多样，书家辈出，在中国历史上，从来没有任何一个 60 年像新中国书法这样风格流派意识如此强烈，书法创作面貌如此丰富多样。三是书学研究视野拓宽、范围增大、观念更新、方法多样、队伍壮大、学科初建、硕果累累。与书法创作形成双翼的书学研究，经过几代学人的努力，在新中国特别是改革开放时期有了很大发展。

值得注意的是传统性很强的书法，在失去原来赖以生存的社会基础和文化氛围后，在社会发展更为迅速、中国更加强大、文化更为自觉的今天，如何以独有的语言反映时代的变化和主体精神，如何在民族特色、时代精神、创作观念、审美格局和表现手法上有大的突破，以满足日益增长的人民大众对精神文化的新需求，使书法事业取得更大的成就，是留给后人的课题。

中国话剧现状考察与研究

课题批准号：11BB015

课题类别：国家社科基金艺术学一般课题

课题负责人：刘彦君

立项时间：2011年8月

结项时间：2014年3月

最终成果形式：专著

课题简介：

本课题属于前沿性、应用性较强的研究。其意义在于响应国家重大文化与政治需求，直接应对国家有关发展文化大国的战略思考。走过百年历史的中国戏剧，进入新世纪以来面临着新的发展机遇，出现了新的转机，也遇到了一些新的问题。因此，对于中国戏剧的现状与发展进行考察与研究，不仅具有建设性的学理价值，而且具有艺术实践的指导意义。

本课题研究的主要内容，是考察和研究从2000年至2010年的10年间，中国戏剧的组织模式、生产模式和营销模式。研究其中出现的问题，以及解决这些问题的思路和建议。具体来说，对于组织模式的考察和研究包括中国国有戏剧院团、民营戏剧剧社或戏剧工作室、大学戏剧剧社及其他戏剧组织的内在构成、管理方式以及分配方式等；对于生产模式的考察和研究，包括剧本状况、演员状况、导演、舞台美术工作者等有关方面的现状及存在的问题；对于营销模式的考察和研究包括目前的演出状况、运营状况、观众来源及分类等。

本课题运用社会学、人类学的田野调查方法，采用问卷调查、实地考察等形式，深入各个地方戏剧团体分阶段进行。对那些在创作质量、市场化运作、社会影响力方面突出的，或反之具有极强的典型性失败教训的戏剧作品进行分析，对当事人口述的史实进行真实的记录；同时采取分类采访的方式，对相关剧团的投资人、参股人、总经理、导演、演员、编剧、舞美设计、灯光设计、音响操控员、剧务、市场推广人员、观众、地方相关行政官员、剧情家、相关媒体记者等分别进行针对性采访。

本课题对艺术产业化进程，对体制改革，对加强文化软实力的建立，对中国文化大发展、大繁荣的建设，从决策层面提供具有重要意义的指导。本课题以文化创新为切入点，将现状和产业化发展二者结合起来，进行综合研究。以个案研究，文化现象研究，抽样调查为突破口，通过动态的、比较的、数字化的、例证式的调查，来论证中国戏剧的现状和发展。

本课题真实了解产业化进程中，国有各地各级戏剧院团生存状态的真实状况。

运用参访后得到的一手数据，进行理论分析比对，找出戏剧产业化发展中各方的利益及冲突，并找到各方之间利益的平衡点，在此基础上，研究出一套能相对平衡“艺术性”和“市场性”需求之间矛盾的方法，并能推动戏剧发展的新型机制。在借鉴国外先进发展模式和国内其他文化产业发展成果的基础上，结合中国当代戏剧自身的实际情况，提出切实有效的推进戏剧繁荣的专业的建设性意见。

中国农村公共文化服务研究

课题批准号：09CG085

课题类别：国家社科基金艺术学青年课题

课题负责人：肖庆

立项时间：2009 年 8 月

结项时间：2014 年 2 月

最终成果形式：专著

课题简介：

本课题旨在探析我国农村公共文化服务的供给机制，评价基层公共文化服务机构的运行效率，通过对农村公共文化产品生产方式和机制的考察，有针对性地提出改善农村公共文化服务的建议，为农村文化政策的制定、提高公共文化服务的运行效率等提供决策参考。系统考察中国农村公共文化服务的供给机制。分析内容包括：农村公共文化服务的决策机制、监督机制以及农民对公共文化服务需求的表达机制。充分考虑东、中、西部地区的发展差距，设计田野调查方案，对农村公共文化服务供给的质量和数量、农民对公共文化服务的满意度以及基层文化活动设施的功能性等方面进行综合评价。旨在为政府规划制定相应的保障性措施提供来自基层民众的建议。运用定性与定量相结合的方法，评价中国乡镇综合文化站的运行效率，并对其影响因素进行分析研究，以期为建立科学的评价指标、设计行之有效的长效机制提供数据参考。

本课题在研究过程中强调客观性的实证研究和强调主观经验的阐释性研究结合起来，采用定性与定量分析相结合的研究方法。结合国家文化发展的总体规划以及农村公共文化服务的目标，在原理层面、观念层面、操作层面三个层面上对研究对象进行综合探索：在原理层面上，本研究以辩证唯物主义世界观和方法论为指导，体现了系统论、控制论、信息论等基础理论的方法论意义；在观念层面上，建立于综合理论学术研究视角与成果的基础之上，吸收了社会学、经济学、文化学、传播学、心理学等多学科的理论观点；在操作层面上，采用计量经济学模型检验理论假设，并通过对数据的分析、比较得出结论。

本课题采集数据进行量化分析，在对2006—2009年的中国文化文物统计年鉴、中国农村统计年鉴等数据进行整理的基础上，使用统计分析的概念，运用DEA和EVEIW软件对公共文化机构运行的效率问题和影响因素进行分析统计。采用问卷调查、现场访谈、典型案例分析与座谈讨论的方法，进行农民对公共文化服务需求的优先序调查，了解农民对农村文化基础设施使用和管理的意见，并进行农民满意状况评分。

本课题在农村公共文化产品供给方面，运用三方问责制的框架，针对长期“二元经济”格局下农村公共基础设施的低起点和城乡不同的公共政策，对当前公共文化服务的供给制度进行了多层次分析。运用计量经济学的测量方法，对公共文化机构运行的效率问题和影响因素进行实证研究，探讨公共产品的效率改进对策，为政府实践提供理论依据和可操作的方案。在研究中探讨了公共文化服务供给效率、文化需求、满意度评价等一系列概念。通过深入基层，总结了农民对于当前公共文化服务的意见和建议。

中国梅瓶研究——中国古代陶瓷器形演变

课题批准号：03CF073

课题类别：全国艺术科学“十五”规划国家青年课题

课题负责人：陆军

立项时间：2003年8月

结项时间：2014年2月

最终成果形式：专著

课题简介：

本课题围绕中国器物史上具有代表性的器物类型“梅瓶”在器形、装饰以及名称、功用等方面的基本问题，进行全方位的梳理和研究，旨在廓清其历史源流，发掘其中蕴含的文化规律，判断其作为器物史个案之一在中古以后所具有的地位及其发挥的影响。

本课题由绪论、上篇、下篇、附录四部分组成。绪论系统梳理和总结了以往学术界关于中国梅瓶的研究成果。上篇总名“名用篇”，研究梅瓶的名称和功用问题，就“梅瓶”这一名称和概念进行正名研究，对中国梅瓶在宋元时期的“曾用名”进行考证，对梅瓶功用进行多层次历史研究，对梅瓶的本体性功用、礼仪性功用和审美性功用进行论述,力求呈现梅瓶功用演变的历史结构。下篇总名“器形篇”，以历代梅瓶实物为主要研究对象，以考古资料为主要依据，主要研究中国梅瓶器形的起源问题，在充分占有资料的基础上深入细致地研究中国梅瓶的器形史，对五代北宋辽代、金代西夏南宋、元、明、清的梅瓶器形样式群进行分类研究，在每一类群中梳理划分出不同的样式，并对相关的年代、产地、分布、传播等方面进行研究，论述了从隋唐到清各代梅瓶演变脉络。随后，梳理了古代以外销等方式流传海外的梅瓶形态及其传播的方向和路线，折射出梅瓶在海外发生不同影响的结果。最后，对中国梅瓶所反映的文化造就规律及相关内容作全面总结和概要论述。

本课题着重从史料学和考古学的角度来考察梅瓶的实用性能和文化功能，通过触及中国文化史上多方面的研究来考察梅瓶名实问题的内涵。在解答这些问题的基础上，深入讨论梅瓶的形制等问题，这是对以往单纯从工艺学、文物学、考古学等单一研究方法的突破和创新。本课题采用“专一性和多元性”研究方法，从整体性和系统性的角度，将中国梅瓶作为一个关乎中国文化史的研究对象，避免了以往学者相关研究的局部性和片面性。对不同时期、不同地域、不同窑口的梅瓶样式群及其器形差异，进行详细全面的梳理和辨析，建立了对单类器物的研究体系。

艺术教育

一、研究生院2014年度工作概述

高等教育尤其是研究生教育是培养人才和增强民族创新能力的基础，肩负着为国家培养大批高端人才的重要使命，研究生院作为我院艺术教育的重要窗口，2014年继续保持良好发展态势，不断完善研究生教育管理体系，在行政管理、招生工作、教学工作、学生管理等诸多方面取得了良好成绩，圆满地完成各项工作。

（一）行政管理

1. 党务工作

中共中国艺术研究院研究生院党委下设七个党支部：教职工党支部和6个研究生党支部，现有24名教职工党员和169名学生党员。

研究生院党委注重抓好理论学习，做好党员的政治思想工作，加强对入党积极分子的教育、培养和考察工作。2014年共发展学生党员23人，预备党员转正12人，发展入党积极分子23人；完成2014级硕士、博士研究生党支部及团支部的选举成立工作；组织民主选举参加院第五次党代会的12名代表人选。9月18日、10月20日，研究生院组织全体教职工认真学习习近平总书记《做党和人民满意的好老师》和《在文艺工作座谈会的讲话》等重要讲话，更好地树立服务意识，努力成为党和人民满意、学生喜欢敬佩的好老师，做好中华民族“梦之队”的筑梦人。同时积极开展活跃校园氛围的活动，如“写生作品展览”、“毕业生作品展”、“读书大赛”、“新年联欢晚会”及组织全体新生参观国家博物馆“复兴之路”展览等爱国主义主题教育活动。科学道德和良好学风是高校的立校之本、发展之魂。新学期开始研究生院组织2014级新生开展系列讲座，将科学道德和学风建设融入课堂教学之中，引导学生专心致力于学术活动，从根本上净化学术风气。

2. 制度建设

为加强研究生院制度化建设，实行无漏洞管理，使我院各项工作更加规范，研究生院本年度在常规工作繁重的情况下，克服各种困难（包括利用暑假时间），先后根据工作需要制定了一系列规章制度，并对之前所有的规章制度进行了重新修订。今年开通了新网站，制定了《研究生院网站信息管理规定》；研究生院对涉及招考纪律、招生方案、管理等各项工作的每个环节逐一查验推演，对相关工作制度进行整理修订，共补充修订包括《中国艺术研究院招生考试命题及评卷工作管理条例》、《自命题考试科目命题及阅卷工作要求》在内的各项招生工作制度17项、学位工作制度20项；研究教学管理方式，充分发挥导师在研究生培养中的主导作用，制定了《中国艺术研究院指导教师工作条例》；制定艺术硕士培养方案，加强对特色艺术硕士的培养，制定了《中国艺术研究院与故宫博物院联合培养艺术硕士教学培养方案》、《中国艺术研究院美术学艺术硕士教学培养方案》、《中国艺术研究院非物质文化遗产保护实践研究艺术硕士教学培养方案》和《中国艺术研究院非物质文化遗产保护传统技艺艺术硕士教学培养方案》等。这些制度明确了职责，进一步规范了工作流程，有效提高了工作效率，使研究生院各项工作有章可循，部门沟通更加顺畅。

3. 完善研究生院资助政策体系

为加强高层次创新型人才培养工作，鼓励研究生德智体美全面发展，表彰出类拔萃品学兼优的学子，解决经济特殊困难学生的后顾之忧，引导毕业生树立正确的就业观和成才观，支持广大研究生更好地完成学业，提高研究生培养质量，研究生院对我院研究生奖助政策体系进一步予以完善，今年包括《中国艺术研究院研究生国家助学金管理规定》、《中国艺术研究院研究生奖学金评审办法》、《中国艺术研究院优秀毕业研究生评定办法》、《中国艺术研究院特困生助学金评定办法》、《中国艺术研究院院长奖学金评审办法》在内的一系列规章制度已正式发布，并将在今后的奖学助学工作中加以执行。其中院长奖学金是第一次设立，奖金从“中国艺术研究院研究生院奖学助学基金”中支出。

4. 研究生学费收费备案及办理《收费许可证》

为建立健全我院研究生教育收费制度，根据国家相关文件要求，我院今年按北京市教委、北京市发改委和北京市财政局规范要求填报《全日制研究生学费标准表》和《非全日制研究生学费标准表》审核备案，办理了《收费许可证》。

（二）招生工作

招生工作在加强制度建设、规范工作流程、创新工作方法、提升工作效率方面下功夫，上半年组织召开了“工作改进系列会议”，就各个工作岗位存在的问题进行分析整改，通过查摆问题、研究讨论和整改落实，使各岗位工作职责明晰、流程规范、协作有序、推进高效。

1. 博士招生工作

随着我院知名度和影响力的扩大，近年来博士研究生报名人数逐年递增，2014年共有699人报考我院博士研究生，于2014年3月22日至24日进行初试，4月18日至21日进行了复试，根据考生的初试成绩和复试成绩综合排名，2014年我院录取国内博士研究生56人（含港澳台博士研究生1人），另录取2名韩国留学生、1名新加坡留学生。截至11月14日，我院2015年博士研究生报名结束，共有929人报考，报名人数再创历史新高。报考人数的变化，是我院教学环境的改善和“国内一流、世界知名”建设目标推进成果的反映。

此外，我院对博士网上报名系统进行升级更新，并在网上报名结束后，增加了“现场确认”环节，对考生的报考材料严格审核，严防舞弊作假，使工作开展更加规范化、严密化。

2. 硕士招生工作

近年来，我院硕士研究生报名人数呈逐年上升趋势，2014年我院硕士研究生报名人数为631人，实际应试考生为563人，其中学术型376人、专业型187人。2014年我院录取硕士研究生112人，其中学术型84人、专业型28人。根据北京教育考试院的工作安排，我院于9月22日发布了《中国艺术研究院2015年攻读全日制硕士学位研究生招生简章》及入学考试科目，网上报名于10月31日截止，报名人数为740人，比上年增长14.7%，我院于11月10日至14日完成了现场确认工作，共确认608人，比上年增长7.4%，其中学术型369人、专业型239人，专业型硕士研究生报名人数再创历史新高，这反映出我院专业型研究生培养在国内的影响力和知名度正逐年提升。

3. 艺术硕士（MFA）招生工作

2014年，根据我院学科建设的实际情况和社会对艺术人才的需求，中国艺术研究院艺术硕士（MFA）招生增设了与故宫博物院联合招生的“书画鉴定与文物保护”招生方向。此外，还聘请多位国家级非物质文化遗产项目代表性传承人（包括国家图书馆的相关代表性传承人）招收“传统技艺研究”方向研究生，此举突破了艺术硕士培养的常规模式，把切合手工技艺传承规律和特色的“师徒相传”模式引入研究生教育培养体系，同时也把MFA人才培养引伸到非物质文化遗产保护和传承领域，受到社会各界和广大考生的一致好评。2014年，我院共录取艺术硕士（MFA）50人，其中包括“非物质文化遗产保护实践”方向18人、“书画鉴定与文物保护”方向5人、“传统技艺研究”方向6人、“中国画”和“书法”

方向21人。

今年6月，国务院学位委员会办公室下发了（学位办〔2014〕17号）《关于公布2014年在职人员攻读硕士学位录取结果排序的通知》，我院艺术硕士（MFA）录取结果在非西部地区按总分最低分排序为第二名，仅次于北京大学，按总分平均分排序为第四名，为全国艺术院校第一名。鉴于此，2014年国务院学位委员会办公室下达招生调整计划，我院艺术硕士（MFA）招生规模由50人扩大到75人。这充分反映出国务院学位委员会对我院艺术硕士（MFA）招生工作的认可，以及我院在专业型艺术人才招生方面优秀的生源质量和高水准的考核机制，同时也彰显了我院领导的措施得力、决策到位。

2015年度艺术硕士（MFA）招生，我院除继续保留"书画鉴定与文物保护"方向和"传统技艺研究"方向之外，还新增设了"剧院管理"方向专业学位研究生。2015年度艺术硕士（MFA）招生考试全国联考于12月26日进行，复试将于2015年1月进行。

4. 博士后科研流动站管理

在博士后科研流动站建设方面，一年来始终坚持规范化管理，致力于为博士后研究人员提供更好的科研工作平台，鼓励博士后研究人员参与重点科研项目的研究和基金申报。2014年，通过严密的考核答辩等程序，我院共有8名研究人员进站，其中包括国家资助型博士后4名，自筹经费型博士后4名。

5. 学位工作

（1）完成同等学力及学位信息年报工作

3月15日至17日，学位办组织进行2014年同等学力人员申请硕士学位外国语水平和学科综合水平全国统一考试现场报名、资格审查、指纹采集确认及入册工作。9月15日至19日完成2014年同等学力人员申请硕士学位现场资格审查工作。我院2014年获得博士研究生学位56人，硕士研究生149人（其中艺术硕士19人，同等学力申请人员17人），学位信息年报工作于2014年10月前完成。

（2）调整改进开题和答辩工作程序

为保证我院研究生学位论文开题工作和答辩工作更为规范、有序地进行，学位办在总结开题和答辩工作中存在问题的基础上，对原有工作流程进行了调整改进，出台了新修订的《中国艺术研究院研究生学位论文开题工作流程》和《中国艺术研究院研究生学位论文答辩工作流程》，促进了研究生学位论文开题和答辩工作的有序开展。

6. 艺术学学科专业培训班及访问学者工作

为了满足社会各界艺术创作和科研人员的学习需求，我院继续开设艺术学学科专业培训班，并继续招收访问学者。我院 2014 年共招收培训班学员 28 人、访问学者 36 人。

（三）教学工作

1. 新疆非物质文化遗产定向培训班工作

新疆非物质文化遗产保护定向培训班是我国重点文化援疆项目，自 2010 年至今，研究生院已完成了四期共 60 名学员的培训工作。2014 年前半年是 2013 级第四期学员的第二学期学习时间。其任务主要是在课堂学习之外开展实地考察。4 月下旬，15 名学员根据研究主题，围绕山西非物质文化遗产保护工作开展了为期 7 天的实地考察，深切感受中华民族的多元一体性，充分认识民族文化交流以及平等、团结、互助、和谐的社会主义民族关系的重要性，从而增进学员对中华民族共有精神家园的文化认同。

下半年又迎来 2014 级第五期培训班共 12 名学员。日常教学中，研究生院结合前四期的工作经验，形成更加合理的教学培养计划和日常管理工作方案。2014 级学员的第一学期课程着重从非物质文化遗产保护学科概论、法规、研究方法等方面入手，结合艺术学科领域内的非物质文化遗产进行具体分析，并辅之以相关专家讲座，给予学员丰富全面的非物质文化遗产保护理论指导。

9 月 28 日，在中央民族工作会议暨国务院第六次全国民族团结进步表彰大会上，我院研究生院因新疆非物质文化遗产定向培训班的出色工作而荣获“全国民族团结进步模范集体”荣誉称号，是文化部系统唯一获此表彰的集体。

2. 学术讲座

讲座与学术活动交融是我院的一贯教学特色。学术讲座是学生获得前沿学术动态、扩展知识面的一种教学活动形式。一年来，研究生院邀请 37 位海内外知名学者，按照不同的形式举办了 33 场学术讲座。

为进一步提高研究生教学水平，今年继续开展“与大师面对面”、“名师讲坛”学术对话交流活动及学术讲座，邀请梁衡、莫言、钱海源、刘梦溪、田黎明、于丹等国内外著名艺术家、学者与学生进行现场对话；还开设了艺术学导论、艺术人类学前沿等系列讲座，将专题讲座融入课程设置中。这些精彩的学术讲座活跃了学术气氛，促进了学术交流，开阔了研究生的学术视野。

3. 课程建设

目前，研究生院共有硕士、博士、艺术硕士、课程班、访问学者和留学生共6种类型，为此研究生院针对艺术学科各专业的特点和要求，大力开展课程建设工作，对公共必修课和选修课作了大幅度的调整，在课程安排方面做到按需设课、因材施教，课程结构和课时量更趋合理。公共课方面，除外语与马克思主义哲学研究等国家规定课程外，设置了西方美学史、中国思想文化史、中国美学思想史、西方艺术与文明、中国传统文化导读等课程，同时为了完善学生治学方法与品德操守，专门为新入学的研究生设置了“人格与治学”系列课程。专业课方面，强化了两史一论教学内容（必修课程），拓宽了专业研究及实践的教学领域（选修课程）；强调博士、硕士不同深度、不同指向的教学内容，课程开设上做到理论与实践并重，学理性与艺术创造性互通。

为切合艺术实践规律和教学特点，加强实践类研究生的人才培养，研究生院充分利用中国艺术研究院设立的创研基地，开设实践类美术学专业研究生的写生课程。10月14日至28日，美术学系学生2013级硕士生17人（国画、油画方向）至江苏无锡，14人（国画、油画方向）至山东枣庄，8人（书法方向）至山东曲阜进行写生，取得显著的教学成果。

4. 学位论文工作

研究生院组织开展2013级博士研究生资格考试，完成2013级含硕士、博士、艺术硕士在内的226名学生的论文开题工作；完成了2012级含硕士、博士、艺术硕士在内的222名学生论文中期检查、论文总结。此外，美术学系联合设计艺术学系还组织普通硕士、博士和艺术硕士分别举办了毕业创作展；戏剧戏曲学专业则组织专业艺术硕士进行了两场毕业创作汇报演出。完成了2011级含硕士、博士、艺术硕士、同等学力在内的202名学生论文评审、论文答辩及复审工作。

5. 学术交流

为提高教学质量，研究生院从世界各地聘请了多位艺术大师、著名院校艺术学教授来研究生院任教和学术交流。

（1）国家外国专家局的4个“引智项目”顺利展开。今年我院在申报国家外国专家局的引智项目上实现重大突破，共有三个“高端外国专家项目”和一个“世界前沿论坛”项目获得国家外国专家局审批通过，资助金额总计达123万元，创历史最高。三个“高端外国专家项目”分别是：英国杜伦大学罗伯特·莱顿教授（Robert Layton）的“景德镇陶瓷文化百年变迁”、美国斯坦福大学杨晓能教授（Xiaoneng Yang）的“百年山水：困惑、探索与创新”以及俄罗斯专家团队类项目“2014 中俄油画创作高级研修班”，其中俄罗斯专家团队项目获得国家外国专家局资助项目的单笔最高值。这些项目将连续三年获得国家外专局的专项经费支持。

（2）长期聘用外国文教专家授课。意大利籍学者 Enrico Rossetto（林敬和）自 2007 年起至今受聘于我院。他用英汉双语为我院硕士研究生和博士研究生教授外文音乐文献导读和专业英语课程，收到了很好的效果。

6. 奖学金评选工作

6 月份研究生院组织全体在校学生进行了科研之星评奖活动。在学生上报申报材料并经初步审核通过后，组织各专业导师进行评奖，最终确定了 10 名优秀科研之星学生名单。

开展 2014 年度奖学金评审工作。在 2012 年、2013 年评审基础上进一步完善《奖学金管理办法》，制定了《中国艺术研究院研究生奖学金评审实施细则》及相关文件。11 月经过奖学金评审委员会和奖学金评审领导小组的层层审核并公示无异议后，最终确定获奖同学名单，共有 193 名同学获得研究生奖学金。其中国家奖学金获得者博士 7 人，硕士 9 人，共 16 人，奖金 39 万元（国家专项拨款）；优秀奖学金获得者 59 人，奖金 21.5 万元；普通奖学金获得者 102 人，奖金 40.2 万元，根据所获等级一次性发放奖学金。

（四）学生管理

1. 学生干部队伍建设和校园文化活动

研究生院完成研究生会换届招新工作。组织了多项校园活动。10 月，开展爱国主义主题教育活动，组织全体新生参观国家博物馆“复兴之路”主题展，组织“校园歌手大赛”；11 月，组织“校园体育节”，为全院在校生购置、发放电影观摩卡，组织“研究生院读书节”活动；12 月，筹备组织 2015 年“新年联欢会”。

2. 毕业生就业和学历管理工作

（1）加强毕业生就业政策宣传和指导工作。组织召开了 2014 届毕业生就业指导会，及时传达教育部及市教委关于毕业生就业的相关规定和要求；特邀北京市教委学生处专家为毕业生作就业形势与政策指导讲座；搜集、汇总毕业生基本信息，开展就业政策咨询、就业辅导；组织 2014 届毕业生就业双选会，接待用人单位来访、来电招聘二十余家。面向全国各高校、文化艺术类企事业单位招聘会发放邀请函 475 份，推荐我院 2014 届毕业生情况。

（2）规范毕业生就业工作程序，提高毕业生就业率。严格按照毕业生就业派遣工作流程，做好毕业生就业推荐表的发放、就业协议书的申领、审查、签约工作，及时网上登记上报，打印派遣证书。经统计，我院 2014 届需办理就业手续的毕业生共计 166 人，其中博士研究生 53 人，硕士研究生 113 人。实际参加就业派遣的毕业生为 165 人（不含 1 名港澳台学生）。截至目前，已签署就业三方协议的 82 人；已考取博士及博士后进站 4 人；回省二分 68 人；出国 1 人；提交单位用人证明 6 人；其余 4 人有意向签约，正在办理手续。我院 2014 年毕业生落实去向率 93.9%（其中签约率为 52.72%）。

（3）利用高校短信平台推进就业信息化建设。2014 年我院通过北京高校短信平台，向我院毕业生发送有关招聘岗位、就业指导以及教学管理等方面的手机短信一万二千余条，切实提高了就业信息传送时效，为毕业生提供更高效便捷的就业指导服务，推进了我院就业信息化建设。

（4）学历管理工作。按照市教委要求，完成了 166 名毕业研究生的思想鉴定、毕业登记、学历注册、就业方案上报、毕业证书购买、印制、颁发以及 220 名毕业生的毕业数码摄像采集工作。

3. 学生宿舍管理工作

宿舍日常安全和消防管理一直是我院学生工作的一项重要内容。近年来，研究生院教学规模逐步扩大，在校学生人数逐年增多，校区相对分散，宿舍管理难度较大。对此，第一，研究生院严格执行校区巡查制度，坚持至少每两周到校区检查一次，坚持节假日值班制，及时发现问题及时整改。第二，不断改善学生住宿环境。对新源里校区围栏进行了更新工作，并加装了门禁系统，增强了宿舍区的安全管理。院领导高度重视学生生活条件的改善，目前正在按王文章院长的指示，配合物业管理部门进行新源里宿舍空调安装工作。今年还更新了 100 套学生床具和 100 套书柜，进一步改善了学生宿舍条件。第三，严格管理，加强学生安全教育，实行假期外出登记备案制度。不定期对学生进行安全意识教育，加强防火、防盗和安全用电的检查、监督、教育工作，使学生随时保持安全防范意识，及时发现和消除不安全隐患。

2014 年年底，因住宿学生逐年增多以及学生上网设备增加，经研究决定拟将新源里网络带宽由34兆提高至60兆以上，以进一步解决学生宿舍网速问题。

4. 学生户档管理工作

完成200名各类毕业生（含计划内硕士、博士、艺术硕士及新疆班学员）招生材料、学籍材料、学位评定材料与个人档案的整理、合并、归档工作；完成了180名应、往届毕业生的档案、就业报到证、户口迁移卡等重要资料的整理、转寄工作，部分重要资料转寄还做到了电话确认。

5. 国家助学金、特困生助学金及北京市优秀毕业生工作

2014年9月起，调整研究生普通奖学金和国家助学金。根据文件规定完成全体非定向研究生国家助学金标准调整和发放工作。完成2014年度特困生助学金评定、发放工作，特困生助学金从“中国艺术研究院研究生院奖学助学基金”中支出。完成2014年北京市优秀毕业生评选和推荐上报工作，共上报9人。

研究生院工作在稳健推进和不断探索中找差距和不足，及时发现问题，及时总结经验并逐步进行规范，形成制度建设。研究生院在工作中依靠院领导和广大教职工的共同努力，克服困难，排除问题，不断开创新局面。

二、新增导师情况：

工作单位	姓名	出生年月	最后学位	职称	科研成果
中国书法院	杨涛	1970年3月	博士	一级美术师	1. 2013年获中国艺术研究院中国青年艺术家提名奖。 2. 2013年获雅昌艺术网“AAC艺术中国——书法艺术家”奖。 3. 2009年获韩国文化部第十二届世界和平美术大展银奖（特选奖）。 4. 2007年获文化部全国第十四届“群星奖”优秀作品奖。 5. 2007年获共青团中央“五个一工程”优秀青年文化新人奖。

续表

工作单位	姓名	出生年月	最后学位	职称	科研成果
电影电视艺术研究所	赵卫防	1967年8月	博士	研究员	1. 论文《国产“小妞电影”：国外同类型电影的中国化嬗变》获中国文联、中国电影家协会颁发的第21届（2012）中国金鸡百花电影节优秀学术论文三等奖。 2. 论文《华语电影的美学归根思考——兼论大陆电影的现实主义缺失》获中国文联、中国电影家协会颁发的第20届（2011）中国金鸡百花电影节优秀学术论文二等奖。 3. 专著《香港电影史（1897—2006）》获2008年中国台港电影研究会“华夏杯”优秀电影论著奖。 4.《香港电影产业流变》（专著），中国电影出版社2008年版。 5.《关于内地/香港早期电影几个问题的再分析》（论文），《当代电影》2010年第4期。
美术研究所	王端廷	1961年7月	博士	研究员	1.《当代艺术》（译著），外语教学与研究出版社2010年版。 2.《抽象绘画》（译著），金城出版社2013年版。 3.《超民族主义:中国当代艺术新思潮》（论文），《批评家》总第五辑，2009年11月。 4.《塞尚的隐居与中国文人的出世》（论文），《荣宝斋（当代艺术版）》2010年第1期。 5.《超前卫之后的意大利当代艺术》（论文），《建构美术的国际视野》，四川美术出版社2011年版。

三、学术讲座

题目：中国传统文化价值理念在今天的意义

主讲人：中国艺术研究院终身研究员、中国文化研究所所长、中央文史研究馆馆员——刘梦溪

时间：2014年3月7日上午9:30-11:30

地点：第五会议室

主办：中国艺术研究院研究生院教务处

摘要：讲座以刘先生对我国改革开放三十多年来的社会建构过程中的价值缺

失为切入点，提出了现代社会的两个缺失——一是传统文化价值理念的缺失，一是全世界普遍的价值理念（普世价值）的缺失，并深入探讨我们应该如何面对两个缺失，提出了要以中国传统文化中的“敬”、“礼”、“恕”、“和”、“耻”等价值理念来建构现代社会所需要的文化价值理念，最后着重强调了这一点就是我们所追寻的精神世界及其重要性。

题目：文章做法

主讲人：著名学者、新闻理论家、作家、《人民日报》副总编——梁衡

时间：2014年3月28日下午2:00—4:00

地点：第五会议室

主办：中国艺术研究院研究生院教务处

摘要：梁先生首先介绍了此次讲座的内容结构，从“文法”、“章法”到“心法”的文学写作欣赏层次，并开门见山地提出了人们为什么阅读这种看似普通实则难以解答的问题，并提出了“文章的写作目的就是为思想而写，为美而写”的观点。接着梁先生重点对文章做法中“章法”这一部分作了详细的说明和阐释，并介绍了写好美文的技巧——五诀：形、事、情、理、典，还以生动的语言配上精美的妙文一一作了介绍。最后，先生以不同体裁的作品为例指出了文章心法的四种形式——气势、风格、文脉和学养。

题目：文学问答录

主讲人：中国艺术研究院文学院院长、文学家、
2012年诺贝尔文学奖获得者——莫言

时间：2014年4月11日上午9:30—11:30

地点：第五会议室

主办：中国艺术研究院研究生院教务处

摘要：讲座以别开生面的师生问答的方式，把学生拉到与自己平等而亲近的位置，直接切入讲座的目的。莫言先生以平实的语言一一解答学生心中对社会、对人生、对文学、对创作的问题和疑惑，还诚恳地与学生们分享了自己的创作初衷和心态，以及创作《丰乳肥臀》、《生死疲劳》、《红耳朵》等作品之前的生活体验，给学生们很大的启发。最后，莫言先生鼓励学生们保留内心深处最朴素的东西——本真，强调这才是坚持写作的动力。

题目：解析“当代艺术”的迷雾

主讲人：国家一级美术师、中国美术家协会理论委员会委员——钱海源

时间：2014年4月25日上午9:30—11:30

地点：第五会议室

主办：中国艺术研究院研究生院教务处

摘要：在此次讲座之前，我们的视线常常被当代艺术作品吸引，虽然也会怀疑它们到底是不是艺术，但通常会觉得可能是自己不懂欣赏，之后就不加理会了。钱海源老师从政治与文化角度提出了对这个问题的深刻见解，也教给了我们分析此类问题的方法。讲座不仅为我们解析了当代艺术的迷雾，也告诉了我们何为健康的艺术，如何为未来书写艺术。

题目：漫谈中国当代油画艺术

主讲人：中国艺术研究院中国油画院院长、著名画家——杨飞云

时间：2014年6月13日上午9:30—11:30

地点：第五会议室

主办：中国艺术研究院研究生院教务处

摘要：杨先生开门见山地对当前油画艺术的现状以及艺术发展的现状作了一个阐述，提出虽然当前油画艺术到了一个登顶期，但对于中国的油画理论体系建立的近百年来说，中国的画论在世界上还是占有一席之地的。杨先生在肯定油画在中国的发展之外，还对现代特别是改革开放以来中国油画的发展前景进行详细地剖析和阐释，最后，以自身创作经验为例并结合学生们的现场提问对当今艺术创作及其艺术人生进行了畅快的交流，使学生们受益匪浅。

题目：清代艺术概说

主讲人：中国传媒大学影视艺术学院院长、
中国艺术研究院博士生导师——孟繁树

时间：2014年6月27日上午9:00—12:00

地点：研究生院6406教室

主办：中国艺术研究院研究生院教务处

摘要：孟老师首先将《中华艺术通史》系列作了一个简单的介绍，在肯定系

列从书的价值之外还对《中华艺术通史》在艺术史上的地位作了评价。接着孟先生重点讲述了清代艺术的两大门类——空间艺术和造型艺术，其中对空间艺术中的戏曲艺术作了详细的分析式解读，同时也对空间艺术中的说唱艺术、音乐、舞蹈等作了简要概括，并着重概括了清代空间艺术的两大特点——是其门类艺术中的集大成，其特点在清代发生了极大变化。对于清代造型艺术中的美术和书法，孟老师也深入地作了介绍，并概括了它们所具有的两大特点。

题目：中华文化传承学术讲论会

主讲人：中国艺术研究院——刘梦溪、吕品田、吴为山、梁治平、摩罗

时间：2014 年 6 月 30 日上午 9:30—11:30

地点：第五会议室

主办：中国艺术研究院研究生院教务处

摘要：讲座由刘梦溪先生主持。刘梦溪先生首先对本次学术讲论会的缘起进行了介绍，接着以不同以往的讲述方式、条理清晰地将其近三十年研究的范围和议题——怎样学习传统文化和怎样研究中国文化以及对中华文化的核心价值观的传承进行了详细的解读。吕品田先生首先总结了刘先生的讲述，同时也表达了自身对中国传统文化中的雅、俗文化以及民间文化的理解，接着在西方现代文明对中国传统文化构成冲击的背景下，结合近些年自身对非物质文化遗产保护工作的研究和思考进行了重点的讲述和解读，并对中国传统文化的传承和保护充满了信心。吴为山先生以自身的创作体验和经验为例，讲述了文化对塑造人的重要性，并提出了“国土有边界，文化无边界”的观点，同时以“学习与研究、继承与互化、对话与传播”来阐释文化不仅是一个国家的重要支撑，也是人最重要的精神内涵。梁治平先生首先对“中华传统文化传承”的概念进行了解读，认为“传统”是相对现代概念而言的，也是为现代而生的；“文化传承”是人类生存最基本的现况，它与社会转型联系在一起；“中华”的概念是 20 世纪初才出现，它是“想象的共同语”。接着梁先生从文化社会学和文化政治学的角度对文化的发生与变迁过程中的挣扎进行了交流，最后还探讨了文化的传承与创新问题。摩罗先生从国家层面的文化战略角度对文化的解读，认为文化是实践的、现实的、利益的文化，是“统治阶级的文化”，同时从社会政治与文化的关系上对鸦片战争前后中国文化取得丰富经验对现代社会的影响进行了阐述。最后，刘梦溪先生对讲座作了简要的总结。

题目：学术操守与规范

主讲人：中国艺术研究院文化政策研究中心研究员——王列生

时间：2014 年 9 月 11 日下午 2:00—4:30

地点：研究生院 6406 教室

主办：中国艺术研究院研究生院教务处

摘要：王先生首先对“大学”的建构进行了解读，认为“大学”之所以为大学，就在于其有两种程序或准则，一是它有规范的制度;二是它有自由精神。接着以自身学术研究经验为例对学术操守进行价值判断，批判了学术研究中的恶习，倡导积极进取的学术操守。最后以感性的语言科学理性地分析了学术操守的基本纬度和学术规范的完整性及其在技术谱系上的研究价值和意义。

题目：研究性学习与论文写作

主讲人：中国艺术研究院音乐研究所研究员——李玫

时间：2014 年 9 月 12 日上午 9:00—12:00

地点：研究生院 6406 教室

主办：中国艺术研究院研究生院教务处

摘要：李老师首先提出了“什么是研究性学习？”这一问题，并对其进行解答,即它是一种“治学态度和治学方法”。接着李老师以学术研究要“路子正”对研究生们的学术论文写作提出了要求，并以自身的学术研究经验为例，谈到论文写作的各个步骤与过程。最后李老师对论文的写作要求进行解读，并鼓励学生们对待学术应持有一颗真诚的心。

题目：如何开展和准备学术研究

主讲人：英国杜伦大学人类学教授、英国科学院院士——罗伯特·莱顿

时间：2014 年 9 月 18 日上午 9:00—11:30、下午 14:00—16:00，
9 月 19 日上午 09:00—11:00，9 月 25 日上午 09:00—11:30、
下午 14:00—16:00，9 月 26 日上午 09:00—11:30

地点：研究生院 6406 教室

主办：中国艺术研究院研究生院教务处

摘要：2014 年 9 月 18 日，中国艺术研究院有幸邀请到了英国科学院院士英

国杜伦大学的人类学教授罗伯特·莱顿，他针对如何开展和准备学术研究向 2014 级全体新生开了一个六节课系列的讲座。罗伯特·莱顿教授详细地介绍了研究的准备工作，并结合一些重要的理论阐述了艺术的能动性和文化的进化问题，结合实例说明了艺术及艺术品都具有潜在的背景意义。罗伯特·莱顿教授的这次系列课程对全体新生开展学术研究以及进行田野考察提供了重要的方法和指导，增进了大家对艺术以及艺术现象的理解。

题目：我们需要什么样的学问

主讲人：中国艺术研究院终身研究员、中国文化研究所所长、中央文史研究馆馆员——刘梦溪

时间：2014 年 9 月 19 日上午 9:30—11:30

地点：第五会议室

主办：中国艺术研究院研究生院教务处

摘要：刘先生从其好朋友、中国著名哲学家汤一介先生以及乐黛云先生的研究领域展开，首先讲述了文化的含义以及“跨文化沟通”理论，其次，以大量中国哲学家和文史学家的研究主张为例说明中国文化的博大精深，并提出了深远的问题：“当今，我们还需要什么样的学问”。随即刘先生为学生们解读了“修身”、“问”、“道”等基本治学理念以及“敬、诚、信、仁、爱、忠、恕”的基本价值理念，最后，对学生们在中国文化思想的学习中存在的疑惑进行了解答。

题目：创造你我的艺术人生

主讲人：东南大学人文学院教授——张燕

时间：2014 年 10 月 10 日上午 9:00—12:00

地点：研究生院 6406 教室

主办：中国艺术研究院研究生院教务处

摘要：张燕老师结合自己的亲身经历用诙谐风趣的语言坦诚动容地从四个方面讲述了如何才能创造出诗意的艺术人生。首先，从讲座题目引出了她艰难曲折的自学之路，强调了实践的重要性，要做一个好学的有心人。其次，讲述了她是如何在勤奋自学中走上美术史论之路的，一个人只要坚持不懈地努力，一定可以实现自己的梦想。再次，要求同学们“苦读万卷，苦行万里”，“广见闻，交师友，拓胸襟，得方法”地去阅读，不怕吃苦、不畏险阻地去行走。最后重点阐明了她

在实践中总结的自学方法。

题目：艺术品如何存在与分类

主讲人：中国社会科学院哲学所副研究员——刘悦笛

时间：2014 年 10 月 17 日上午 9:00—12:00

地点：研究生院 6206 教室

主办：中国艺术研究院研究生院教务处

摘要：刘老师从艺术品的时空分类方法引出了本次讲座的核心内容——当代西方美学当中艺术品到底是如何存在的。他重点以绘画和雕塑为例从三个方面阐释了在当代西方艺术美学和哲学当中对艺术品进行的区分和分类。第一问题是什么是单数的艺术，什么是复数的艺术？第二个问题是什么是自然的艺术，什么是他来的艺术？如何细致区分原作和赝品？如何区分出一度创作的艺术和二度创作的艺术？最后一个问题是类型和殊例的艺术。

题目：关于艺术的思考方式：思辨、实证和分析

主讲人：北京大学艺术学院教授——彭锋

时间：2014 年 10 月 24 日上午 9:00—12:00

地点：研究生院 6206 教室

主办：中国艺术研究院研究生院教务处

摘要：彭老师首先从近些年的一些经历和实践出发，结合一些西方著名的美学家对艺术的思考首先介绍了美学研究的三个对象，从艺术追寻、艺术的思辨重点比较了谢林和黑格尔的美学思想，简单介绍了康德对世界的认识。然后通过一些艺术著作和生活实例阐释了艺术的实证。最后解释了分析是怎么样进入艺术里的这一问题，使广大师生更好地理解了艺术的思辨、实证和分析之间的联系和不同。

题目：艺术媒介论

主讲人：中国传媒大学艺术研究院常务副院长、教授——张晶

时间：2014 年 10 月 31 日上午 9:00—12:00

地点：研究生院 6206 教室

主办：中国艺术研究院研究生院教务处

摘要：张老师认为从内在的创作冲动开始，不同的门类都有自己的艺术语言，

这种艺术语言其实就是一种媒介，艺术媒介将艺术创作的内在因素和外在表现连成了一个有机的过程。从戏剧、绘画等方面结合具体艺术作品阐释了艺术语言作为媒介传达思想、形成风格的过程，重点说明了艺术中悟性的存在及其重要性，最后又强调了媒介在艺术中是内外沟通的桥梁，这是对艺术媒介的一种开拓性的探索。

题目：大学之道，在明明德

主讲人：文化学者、北京师范大学艺术与传媒学院副院长——于丹

时间：2014 年 11 月 21 日下午 2:00—6:00

地点：研究生院学术报告厅

主办：中国艺术研究院研究生院教务处

摘要：于老师首先回忆了她在艺研院工作的经历，讲述了当时到农村劳动锻炼的艰苦岁月以及那段时间对自己的人生启蒙。她认为强大的人格和透彻的悟性比专业知识更重要，并重点从恭、宽、信、敏、惠五个层次诠释了孔子思想中最核心的“仁”，结合历史和实践深入浅出地把这些大道理与我们如何做人、如何做事联系在一起，对于同学们理解“大学之道，在明明德”的精神内涵以及把这些道理运用到学习和生活中提供了借鉴。

题目：心与象合——关于中国画的意象思考

主讲人：中国艺术研究院常务副院长——田黎明

时间：2014 年 11 月 28 日上午 9:30—11:30

地点：第五会议室

主办：中国艺术研究院研究生院教务处

摘要：田老师直接切入正题，结合自己的创作经验和读书积累介绍了一些关于中国文化的体验和想法。从儒释道三家所蕴含的思想内涵来讲中国的传统文化，来发现中国传统文化之美。田老师认为人与自然天人融合的境界是中国哲学里面很重要的一个规律法则，这在中国文化俚歌里得到了深刻的体现。最后田黎明老师通过向内趋向的方式说明了中国文化强调的是自省，心与象合的中国画很好地诠释了中国传统文化所追求的境界，有利于我们更好地理解中国文化的内涵。

题目：创作与生活——我的艺术之路

主讲人：中国艺术研究院博士生导师、天津画院名誉院长、

天津美术馆名誉馆长——何家英

时间：2014 年 12 月 10 日上午 9:30—11:30

地点：第五会议室

主办：中国艺术研究院研究生院教务处

摘要：何先生以习主席在文艺座谈会上的讲话精神为切入点，主张艺术应该深入生活，扎根人民。首先以艺术家的眼光和思维方式对“生活”进行了解读和认知，并以绘画艺术为例，指出“无论是什么样的艺术，无不打上生活的烙印，生活与艺术的关系是无法脱节的”。接着又对艺术的内容和形式进行辩证，旨在说明“艺术”是离不开内容与形式的。最后何先生对自己的作品是如何“深入生活”、如何“来源生活”进行了一一解读。

题目：艺术学的反思

主讲人：中国艺术研究院研究生院党委书记、副院长——李心峰

时间：2014 年 12 月 19 日上午 9:00—12:00

地点：研究生院 6206 教室

主办：中国艺术研究院研究生院教务处

摘要：李老师由生活中遇到的关于反思的问题以及近期在重要会议和场合中所作的发言引入了本次讲座的主题——艺术学的反思。李老师首先回答了什么是反思的问题，接着阐释了反思的意义，然后结合学术探究从语言概念术语、艺术学专题领域和分支学科、元艺术学三个层面探讨了关于艺术学的反思。

四、研究生毕业论文题目统计表

姓名	研究方向	学位论文	最后学位
石岩	艺术管理	论舞台艺术的生产与传播 ——以昆曲青春版《牡丹亭》为例	博士
杨江波	中国诗学与画论研究	八大山人笔墨研究	博士
谢一菡	非物质文化遗产学研究	禹州钧瓷传统制作技艺传承研究	博士
金玟廷 KIM MOON JUNG	艺术人类学与非物质文化遗产	后现代文化背景下的文化艺术区比较研究 ——以北京 798 艺术区和首尔仁寺洞为例	博士
张宏	艺术管理	动画品牌塑造管理研究	博士

续表

姓名	研究方向	学位论文	最后学位
王鹤云	公共文化政策研究	我国公共文化服务政策研究	博士
佟静	红楼梦与中国古代小说艺术研究	《红楼梦》越剧改编研究	博士
赵冠群	文化遗产保护与艺术理论史	故宫博物院中的皇家文化与博物馆文化	博士
李致伟	非物质文化遗产保护研究	通过日本百年非物质文化遗产保护历程谈日本非物质文化遗产保护经验	博士
王永健	艺术人类学与非物质文化遗产	中国艺术人类学的知识谱系演进（1980—2013）	博士
朱明清	非物质文化遗产保护研究	木板水印技艺的保护与传承 ——以上海朵云轩为例	博士
臧小戈	艺术管理	漆艺的恪守与嬗变 ——中国传统漆艺的保护、传承以及发展	博士
董静怡	古代音乐史	先秦南北音乐文化分野下的《诗经》、《楚辞》研究	博士
李自浩	宗教音乐	古浪宝卷的调查与研究	博士
林立策	民族音乐学	万法归宗 ——温州地区道教斋醮科仪音乐的符号学研究	博士
温辉明	和声乐律学	金湘歌剧音乐研究	博士
贾世林	中国绘画史	李可染的山水画改造	博士
赵丹	中国现代美术思潮	胡蛮美术史论研究	博士
魏薇	中国现代美术思潮	王式廓艺术的图像学研究 ——以《改造二流子》、《参军》和《血衣》为中心	博士
刘玉龙	中国古代绘画史	历史与想象 ——晋唐山水画原型及其后世重塑	博士
张苗苗	博物馆学	美术馆展览：在美术史叙事与当代文化建构之间	博士
薛帅杰	美术文献研究	清代楹联书法研究	博士
李阳洪	书法史论	民国书法社团研究（1912—1949）	博士
叶盛	意笔人物画创作	中央美术学院五、六十年代水墨人物画教学研究 ——以蒋兆和为例	博士
胡明强	现代性山水画创作	敦煌壁画形式元素的现代阐释	博士
王跃奎	山水画创作	新中国十七年山水画从题材到笔墨之变研究	博士
魏建明	现代中国美术研究	云南甲马造型的结构研究	博士
尤婕	书法创作	林散之书学思想研究	博士
梁文斌	书法创作	狂草艺术表现形式研究	博士

续表

姓名	研究方向	学位论文	最后学位
王民德	书法创作	晚清碑学思潮研究（1814—1911）	博士
张永华	书画印创作	唐代东海徐氏书家研究	博士
聂道泪	油画语言表现力研究	20世纪90年代以来中国古典风油画语言研究	博士
陈健	雕塑创作	元代藏传佛教雕塑艺术研究	博士
陈欢迎	工笔画创作	论当代工笔画中的撞水撞粉	博士
柳时浩 RYU SIHO	山水画创作	“南吴北齐”吴昌硕、齐白石对近代韩国画的影响	博士
刘瑶	美术学	随类赋彩新解	博士
王芊	中国传统造物思想	柳宗悦民艺思想研究	博士
牟晓林	工艺美术史论	海外市场需求对明清景德镇陶瓷艺术的作用和影响	博士
吕明月	设计艺术原理	论现代设计对自我认同之影响	博士
孟夏	陶艺创作	香飘千年器以藏礼 ——中国古代陶瓷熏香器具研究	博士
龙昊 Long Hao	建筑历史与理论	中国城市文化产业园规划实践研究	博士
张继超	戏剧戏曲学	昆剧丑脚研究	博士
郭进怀	戏剧戏曲学	扬剧音乐研究	博士
段绪懿	戏剧戏曲学	国立戏剧学校研究	博士
杜鹏	戏剧戏曲学	论京剧舞台之武	博士
孙晓天	电影历史及理论	早期中国电影史学史研究（1949年以前）	博士
王涛	电影历史及理论	中国早期电影表演史论（1905—1949）	博士
张杰	中国电影研究	区域电影的视觉表达：中国抗战时期电影研究	博士
程婕	当代电影研究	当代中国电影表演教育现状研究	博士
白海天	电视文化研究	中国动漫产业的发展现状及对策研究	博士
殷昭玖	中国电视剧发展史	电视剧认同机制研究	博士
毛毳	舞蹈学	20世纪美国现代舞四次转型中对东方文化借鉴研究	博士
塔来提·吐尔地	舞蹈学	维吾尔族舞蹈源流谱系调查与研究	博士
刘夏静	舞蹈学	论巴兰钦新古典主义芭蕾之“新”	博士
赵磊	舞蹈学	王玫舞蹈艺术研究	博士
梁泉	舞蹈学	比赛中的中国古典舞现象研究	博士
叶茹飞	艺术人类学	文明的对话与互动 ——蒙元时期景德镇与波斯陶瓷文化交流研究	硕士
王雯雯	非物质文化遗产研究	北京荣宝斋木版水印研究	硕士

续表

姓名	研究方向	学位论文	最后学位
王博颖	非物质文化遗产研究	环县道情皮影的民俗文化与造型观念	硕士
慕星	艺术经济学	北京画廊行业现状研究	硕士
钟骞	文化发展战略研究	珠三角演艺市场环境分析及思考	硕士
孙博乐	艺术经济学	中国当代文学出版发行国际市场研究	硕士
靳锐	西方现当代文论	后殖民女性主义文化（文学）理论研究	硕士
李雨泽	红楼梦与古代小说艺术	游戏活动在《红楼梦》中的文学功能研究	硕士
邹丽姣	艺术管理	我国文化品牌经营探论 ——以福建泉州木偶剧团为例	硕士
郝秦玉	非物质文化遗产研究	北京市级非物质文化遗产项目代表性传承人现状与问题研究	硕士
胡难	宗教文化研究	论今、古文经学历史观的不同及其成因	硕士
李晗曦	文化发展战略研究	非政府组织在中国文化外交中扮演的角色及其作用	硕士
王婷	艺术管理	我国当代民营博物馆管理问题初探	硕士
刘美	非物质文化遗产研究	北京绢人的非物质文化遗产学研究	硕士
郭凤娟	文化政策研究	我国公共文化服务体系建设中的财政转移支付制度研究	硕士
杨姗姗	红楼梦与古代小说艺术	《红楼梦》中镜子意象及其文学功能研究	硕士
李晓宇	艺术经济学	国内艺术品保险市场研究及建议	硕士
刘璋	文化发展战略研究	中国美术产业政策研究	硕士
黄鑫	艺术经济学	我国当代民营剧团发展运作现状初探	硕士
张锋	艺术管理	我国演出经纪人行业现状研究	硕士
丁历	非物质文化遗产研究	非物质文化遗产保护主体研究	硕士
鲍婧	文化政策研究	“非遗”生产性保护政策研究 ——以安徽省部分企业为例	硕士
李嘉宝	宗教音乐	佛教音乐新发展	硕士
刘小萌	民族音乐学	古琴传统造弦法及其丝弦的离弃与回归	硕士
荆藤	古代音乐史	16—19 世纪入华传教士文献中的中国古代音乐生活	硕士
马晓楠	古代音乐史	走向文化自觉 ——姜嘉锵声乐艺术试探	硕士
刘国梁	民族音乐学	山西河曲山曲的旋律学研究	硕士
李慧君	民族音乐学	“文革”中《陕甘宁边区革命民歌五首》的产生与传播	硕士
杨静	民族音乐学	古老乐种新传人 ——智化寺京音乐的特殊传承案例	硕士
乔俏	古代音乐史	堂名辨	硕士

续表

姓名	研究方向	学位论文	最后学位
郭艳君	古代音乐史	明清军制和官制双重作用下的聊城鼓吹乐积淀辨析	硕士
郭莎	和声乐律学	内蒙古地区“雅托噶”调查与研究	硕士
乌得阳	和声乐律学	“百日集训”的历史影像 ——天津市青年京剧团三十年发展历程	硕士
王冰清	近现代音乐史	以谱观行：曾志忞戏曲改良实践研究	硕士
王秀峰	近现代音乐史	以法治教：民国（1912—1949）音乐教育法规建设巡礼	硕士
蒋大萍	民族音乐学	交融与分界 ——内蒙古呼伦贝尔市恩和乡俄罗斯族音乐文化认同	硕士
陈耀泷	少数民族音乐	湛江市文章湾村“年例”妈祖祭祀仪式研究	硕士
李璐	音乐考古学	湖北、江苏所见东周纽钟的比较研究	硕士
焉瑾	音乐考古学	河南所见东周纽钟的音乐考古学研究	硕士
徐凌恒	戏曲音乐	白云生生平事略与唱腔表演艺术研究	硕士
王露桦	民族器乐	民族乐器制作师满瑞兴及其制作工艺	硕士
刘怡蘅	山水画创作	石涛一画论浅析	硕士
谢增杰	山水画创作	黎雄才山水画写生研究	硕士
李乐然	工笔人物创作	李公麟绘画研究	硕士
左圣南	写意人物创作	李斛的彩墨人物画探究	硕士
刘远	花鸟画创作	论南宋李迪及其《枫鹰雏鸡图》	硕士
邱锡鹏	油画创作	乔托与塞尚比较研究	硕士
贾德旭	油画创作	阿列卡中后期人物画研究	硕士
白冰洋	油画创作	伦勃朗《犹太新娘》油画语言研究	硕士
林鹏飞	油画创作	达利超现实主义绘画的现实性研究	硕士
俞佳	油画创作	莫奈绘画笔触研究	硕士
彭晶	油画创作	试论吴冠中绘画的点、线、面	硕士
王欣伟	雕塑创作	灵岩寺泥塑造像艺术特征研究	硕士
武晨明	雕塑创作	关于视觉共约性的一次讨论 ——以贾科梅蒂与席勒为例	硕士
李少广	书法创作	书法民俗化中的“福”字研究	硕士
孔鸣	书法创作	北宋颜书兴盛成因探究	硕士
张旭年	书法创作	《自叙帖》形式语言探微	硕士
邱静子	书法与篆刻	秦印界格篆刻章法审美探析	硕士
周治锐	书法与篆刻	王羲之书法艺术单子空间的造型研究 ——以《怀仁集王圣教序》为例	硕士

续表

姓名	研究方向	学位论文	最后学位
贺芳芳	书法与篆刻	非篆书文字入印探析	硕士
殷玉刚	书法与篆刻	浅析汉官印中汉缪篆的应用	硕士
乔宇	书法创作	明末清初大幅行草书章法对当代书法章法的影响	硕士
顾柯红	书法创作	弘一法师书法的空间意象	硕士
张爽	中外美术交流	汪子美漫画研究（1935—1948）	硕士
王小青	中外美术交流	古物陈列所国画研究馆考论	硕士
李亚玮	中国古代绘画史	仇英绘画艺术的传播 ——以明清时期为重点的研究	硕士
胡启明	中国古代绘画史	蓝瑛交游研究	硕士
陈昱	西方当代美术史	超越与永恒 ——俄罗斯绘画的悲剧精神	硕士
张哲	西方当代美术史	孤独与渴望 ——弗里达·卡洛人物画叙事性研究	硕士
胡立辉	中国近现代美术史	王雪涛花鸟画研究	硕士
袁宏	古陶瓷坚定	“郎窑红釉”瓷器研究 ——以故宫博物院藏品为例	硕士
王丛	古代建筑研究保护设计	宁寿宫花园三友轩内檐装饰艺术研究	硕士
邓鑑	油画创作	靳尚谊《塔吉克新娘》研究	硕士
张机	书法创作	王献之破体书法研究	硕士
张今我	油画创作	论毕沙罗油画色彩语言的多样性	硕士
刘月瑶	陶瓷艺术创作与研究	定窑的恢复与发展研究 ——以曲阳定瓷为案例	硕士
张亦飞	设计历史与理论研究	《装饰》杂志研究	硕士
李淳	视觉传达设计	数字实体化境遇下的艺术设计的趋势转型研究	硕士
刘舒宁	视觉传达设计	试论书写性在当代汉字印刷字体设计中的意义	硕士
安夙	建筑历史与理论	浅析古代风水中的山川美学 ——兼论传统画论与画品中的风水美学	硕士
任荭	设计历史与理论研究	中国凤凰图像研究	硕士
李芸芸	建筑理论与批评	威尼斯建筑双年展中国馆研究	硕士
张国强	戏剧戏曲学	黄芝冈戏曲史论研究	硕士
叶凡	戏剧戏曲学	晋剧字号班研究	硕士
刘颖	戏剧戏曲学	画中有戏、形神兼备 ——关良笔下的戏曲人物形象	硕士
康颖宽	戏剧戏曲学	《弥勒会见记》研究	硕士
马倩	戏剧戏曲学	试论赖声川及其“表演工作坊”的喜剧创作	硕士

续表

姓名	研究方向	学位论文	最后学位
张颖	戏剧戏曲学	论袁阔成的“新评书”编演	硕士
刘洋	中国电影历史与批评	论中国早期电影消费心理嬗变（1896—1949）	硕士
王畔	中国电影历史与批评	中国早期现实题材影片创作研究（1905—1937）	硕士
黄梅子	中国电影历史与批评	20世纪20年代报刊中的电影广告研究	硕士
郑睿	港台电影研究	香港国际电影懋业公司影片及产业模式分析	硕士
朴珍妮	原著／名著电影改编	新世纪以来中国电影衍生品的开发状况研究	硕士
赵春晓	中国电影历史与批评	上海地区美国电影的输入、放映与接受研究（1896—1949）	硕士
周家磊	中国电影史	论区域经济下的中国动漫产业发展模式	硕士
沈辰阎	电影理论	好莱坞预告片初探	硕士
阮久盼	中国电影历史与批评	京津地区的早期电影传播、产业及生态研究（1896—1931）	硕士
魏寅睿	中国电影历史与批评	中国早期古装片研究（1905—1945）	硕士
李晓欢	比较电影史	苏联电影在中国的传播与接受（1950—1960）	硕士
张艺典	电视批评	电视广告中的儿童形象	硕士
王晓静	电视批评	2000—2010年中国电视剧批评的争论与分野	硕士
牛鑫	电视电影	多媒体时代电影的多元化生存与时代意义	硕士
孙丽萍	电视制作	地方电视台创新与融合战略研究	硕士
赵彦	电视理论	电视纪录片《舌尖上的中国》的视听语言修辞策略研究	硕士
张雅宁	舞蹈学	古代玉舞人的舞蹈文化研究	硕士
邱爽	舞蹈学	浪漫芭蕾巅峰作《吉赛尔》研究	硕士
薛武蕾	舞蹈学	“动作疗法”在面向中学生舞蹈教育中的应用探究	硕士
郭晶晶	舞蹈学	浪漫芭蕾开山作《仙女》初探	硕士
乌雪娇	舞蹈学	河北沧州民间舞“落子”的田野考察与研究	硕士
刘思呈	舞蹈学	汉代女性长袖舞研究	硕士
李天翼	舞蹈学	宗教视角下的土耳其传统舞蹈探析	硕士
龙元元	舞蹈学	爵士舞研究	硕士
杨玉华	舞蹈学	论舞蹈在河南豫剧现代戏中的运用	硕士
杨莹	舞蹈学	冀南扇鼓舞研究	硕士
谌莉	舞蹈学	广东“潮阳英歌”的田野调查与研究	硕士
麦力斯	舞蹈学	湘西苗族鼓舞的生存现状与开发对策研究	硕士
董柳莎	舞蹈学	蒙古舞肩部动作研究	硕士

续表

姓名	研究方向	学位论文	最后学位
辛馨	舞蹈学	湖北省综合类高校舞蹈学科课程设置现状分析与构想	硕士
刘鹤翔	书法创作	清末民初书法现代性研究	硕士
王永斌	花鸟画创作	少林寺《五百罗汉朝毗卢》壁画的水墨性	硕士
黄炀	山水画创作	关山月“文革”后十年山水绘画艺术特色研究（1977—1987）	硕士
杨旭光	山水画创作	龙瑞设色山水画研究	硕士
李东星	写意人物画创作	试论中国当代水墨人物画的泛写意精神——浅析张江舟作品的笔墨形态	硕士
杨刚	写意人物画创作	浅论中国人物画在当代语境下的继承与创新——“线”的继承与当代探索	硕士
宋卫国	山水画创作	论李可染山水画中“笔墨符号与画面构成”	硕士
李娟	山水画创作	石涛山水写生理念探微	硕士
王然	山水画创作	李可染晚期设色山水画研究	硕士
贺莹	写意人物画创作	浅析蔚县剪纸的色彩意象性	硕士
郝邦义	山水画创作	半生落魄已成翁——浅析徐渭书画艺术	硕士
汪荣强	写意人物画创作	试论素描与现代中国画人物画的造型	硕士
魏春雷	书法创作	书展“国展”现状刍议	硕士
周子牛	书法与篆刻	论民国篆刻的时代特色	硕士
韩学宁	书法与篆刻	对篆刻艺术在当代日常应用中几个问题的思考	硕士
赵远方	书法创作	《秦诏版》与《峄山刻石》对比研究	硕士
廖江华	油画创作	以钟涵油画为例浅论油画语言的形成	硕士
崔青	和声乐律学	论陕西音乐风格在中国钢琴作品中的体现	硕士
阮婷	近现代音乐史	论马思聪作品中的现代性与民族性——以第三奏鸣曲、欢喜组曲、热碧亚及具有现代性特征的作品为例	硕士
张超	民族音乐学	烟台当代京剧口述史研究	硕士
高晶	民族音乐学	保宁堡老秧歌的兴衰与反思——保宁堡老秧歌调查报告	硕士
章梅	民族音乐学	“文革”时期小提琴音乐研究	硕士
孙玉洁	设计艺术学	中国当代艺术品的传播研究	硕士
魏强	戏剧戏曲学	戏曲文学与戏曲音乐的相辅相成——以四个不同声腔的新剧目为例	硕士
刘军	戏剧戏曲学	法国喜剧《艺术》中“马克”性格化创造方法	硕士
张鑫	戏剧戏曲学	浅谈肢体语言对演员创作角色的作用	硕士

续表

姓名	研究方向	学位论文	最后学位
曹玥	戏剧戏曲学	浅谈舞台想象在表演创作中的运用 ——话剧《艺术》中“塞尔吉”的创作分析	硕士
褚江川	戏剧戏曲学	浅谈戏剧与节奏	硕士
杨维	非物质文化遗产研究	非物质文化遗产生产性保护研究	硕士
丁潇	广播电视艺术学	微电影营销的可行性研究 ——基于澳门经验的微营销文化	硕士
赵凯欣	文化艺术品资产评估	澳门八十年代后绘画艺术品价值研究	硕士

艺术创作

创作成果存目

中国画

许俊 /《梦回张家界》/ 美丽中国——生态文明建设主题书画优秀作品展 /2014 年 1 月

许俊 /《霍山险径图》/ 中国梦·大梦临汾——百名画家画临汾作品展 /2014 年 2 月

许俊 /《静夜清流》/ 丹青凤凰——中国艺术研究院美术作品展 /2014 年 5 月

许俊 /《坐看流云过》/ 精致立场——全国第二届现代工笔画大展 /2014 年 6 月

许俊 /《圣米歇尔山奇观》等 2 幅 / 勃朗峰之夏——纪念中法建交 50 周年当代中国画作品展 /2014 年 7 月

许俊 /《老子指归语意》/ 中国马来西亚美术书法交流邀请展 /2014 年 6 月

许俊 /《线描山水》/ 全国第四届中国画线面艺术展 /2014 年 4 月

许俊 /《养天地正气 极风云壮观》等 5 幅作品 / 澄怀味象——中国艺术研究院中国画院第三届院展 /2014 年 7 月

许俊 /《流云图》/ 中国画名家中堂作品展 /2014 年 8 月

许俊 /《老子指归语意》等 2 幅作品 / 彩墨情致——当代中国画名家邀请展 /2014 年 8 月

许俊 /《华盛顿春色》/ 中国美术家眼中的美国——庆祝中美建交 35 周年当代中国画作品展 /2014 年 8 月

许俊 /《岁月》/ 名家笔下的澳门·庆祝中华人民共和国成立 65 周年暨澳门回归 15 周年作品展 /2014 年 11 月

许俊 /《观瀑图》/ 水墨中国梦·当代中国画展 /2014 年 10 月

许俊 /《临流得悟图》/ 山西（芮城）永乐宫第七届书画艺术节暨“永乐之光”纪念永乐宫搬迁 50 周年中国画名家作品邀请展 /2014 年 9 月

许俊 /《有师图》等 4 幅作品 / 情系延安——65 周年国庆全国中国画名家邀请展 /2014 年 10 月

许俊 /《桂林印象》等 6 幅作品 /2014 年香江国际广场之约——全国中国画名家

画桂林作品展 /2014 年 12 月

许俊 /《太行山写生——春雨》等 6 幅作品 / 师心独造・全国高等艺术院校山水教学研讨会暨教学课徒展 /2014 年 12 月

许俊 /《秋山行旅图》/ 第十二届全国美术作品展 /2014 年 10 月

李传真 /《民工》系列 4 幅作品 / 澄怀味象——中国艺术研究院中国画院第 3 届院展 全国巡回展 /2014 年

李传真 /《远方》/ 中国意象——当代中国水墨与雕塑艺术展 /2014 年

李传真 /《馨》系列 / 水墨清韵——中国妇女美术家年度提名展 /2014 年

李传真 /《在路上》/ 中国梦——塑造中国新形象美术作品展 /2014 年

李传真 /《独角戏》/ 儿时的梦——中国文联文艺研修院作品展 /2014 年

李传真 /《守望》系列 / 翰墨载道——中国人物画邀请展 /2014 年

李传真 /《工棚》/ 万象之美——中国国家画院青年画院中国画展 /2014 年

李传真 /《独角戏》之一 / 水墨精神——当代中国画作品展 /2014 年

王赫赫 /《清慧释诗》/ 禅文化书法展 /2014 年 1 月

王赫赫 /《装修日记》/ 第二届哈尔滨美术双年展 /2014 年 6 月

王赫赫 /《农耕园》/ 内蒙古乌兰察布市陈列 /2014 年 7 月

王赫赫 /《边巴与马》/ 澄怀味象——中国艺术研究院中国画院院展 /2014 年 7 月

王赫赫 /《高君宁像》/ 娄烦县高君宁纪念馆陈列 /2014 年 8 月

王赫赫 /《曾子像》/ 曾子纪念馆藏 /2014 年 9 月

王赫赫 /《罗汉图》/ 弘文焕彩——当代中国画名家展 /2014 年 10 月

郑庆余 /《忘・神游》/ 厦门全国工笔画双年展 /2014 年

郑庆余 /《天使的玫瑰也会枯萎Ⅱ》/ 厦门全国工笔画双年展 /2014 年

郑庆余 /《两忘》/ 万象之美——2014 中国国家画院青年画院作品展 /2014 年

郑庆余 /《溯・抚》/ 万象之美——2014 中国国家画院青年画院作品展 /2014 年

郑庆余 /《溯・槁》/ 反观工笔——中国当代工笔画学术邀请展 /2014 年

郑庆余 /《忘・逍遥》/ 托古改制——当代工笔画展 /2014 年

郑庆余 /《伤逝——余音》/ 艺术澳门博览会 /2014 年

郑庆余 /《逝去的记忆——心噬》/2014 年

郑庆余 /《对望的记忆——撄宁》/ 澄怀味象——中国艺术研究院中国画院第三届院展巡展 /2014 年

郑庆余 /《对望的记忆——舐犊》/ 澄怀味象——中国艺术研究院中国画院第三届

院展巡展 /2014 年

郑庆余 /《梦里花落》/ 澄怀味象——中国艺术研究院中国画院第三届院展巡展 /2014 年

郑庆余 /《逝去的记忆——天籁》/ 第十二届全国美展 /2014 年

卢虓 /《春意阑珊》/ 第十二届全国美展中国画展 /2014 年

卢虓 /《颐和夕照》/ 李可染画院“画北京 园林写生”展 /2014 年

卢虓 /《清净世界》两幅 / 韩国大田国际艺术节 /2014 年

卢虓 /《春意阑珊》/2014 年

卢虓 /《天堑通途》/2014 年

卢虓 /《乡思》/2014 年

卢虓 /《四月天》/ 澄怀味象——中国艺术研究院中国画院第三届院展 /2014 年

卢虓 /《随风潜入夜》/2014 年

韩昊 /《桃源仙梦》/《第十二届全国美展入选及获奖作品集》/2014 年

韩昊 /《早春》/2014 年

韩昊 /《山径春行》/“八荒通神”哈尔滨美术双年展 /2014 年

杨华山 /《踏雪寻梅》/《大美寻源・辟雍雅集——当代优秀书画家作品集》画册 /2014 年 4 月

杨华山 /《玄武龟蛇》/《大美寻源・辟雍雅集——当代优秀书画家作品集》画册 /2014 年 4 月

杨华山 /《南无阿弥陀佛》/“大美寻源・国粹薪传——琴棋书画”画展画册 /2014 年 5 月

杨华山 /《文人渊薮》/“红高粱文化节——丹青高密”画展画册 /2014 年 5 月

杨华山 /《人物四条屏》/“大美寻源・凤凰雅集”画展画册 /2014 年 6 月

杨华山 /《炯炯柯梦》与吴悦石合作 /“大美寻源・凤凰雅集”画展画册 /2014 年 6 月

杨华山 /《杯中何物》与吴悦石合作 /“大美寻源・凤凰雅集”画展画册 /2014 年 7 月

杨华山 /《米颠拜石》/“大美寻源・凤凰雅集”画展画册 /2014 年 8 月

杨华山 /《东坡赏梅》/“大美寻源・翰墨薪传”画展画册 /2014 年 9 月

杨华山 /《戏曲人物》系列 /“大美寻源・翰墨薪传”画展画册 /2014 年 10 月

杨华山 /《嫦娥》/“探月工程三期再入返回飞行试验任务成功”纪念封 /2014 年 11 月

桑火尧 /《境象系列》/2014 年

桑火尧 /《水墨新语》/2014 年

崔庆忠 /《墨华图》等 3 幅作品 /《大河寻源》画册 /2014 年

崔庆忠 /《山高水长》等 5 幅作品 /“大美寻源·凤凰雅集”画展画册 /2014 年 6 月

崔庆忠 /《家山如梦图》等 2 幅作品 /“红高粱·文化节——丹青高密”画展画册 /2014 年

夏冰 /《桃源文章》系列 /《丹青记忆 守望家园·中国文化遗产美术展作品集》/2014 年

李岗 / 戏曲人物画 /《丹青高密》/2014 年 11 月

李岗 /《吉祥》/《肖像进行时——中国当代城市生活》/2014 年 11 月

林维 /《妙鸟栖庭柯》/2014 年 9 月

林维 /《春消息》等 10 幅作品 /《美术报》/2014 年 11 月

高茜 /《合欢系列》/“托古改制——当代工笔展”/2014 年

高茜 /《内心世界之二》/“托古改制——当代工笔展”/2014 年

高茜 /《花笺记》/“托古改制——当代工笔展”/2014 年

潘映熹 /《桃》/“大美寻源·凤凰雅集”画展画册 /2014 年 6 月

潘映熹 /《石榴》/“大美寻源·凤凰雅集”画展画册 /2014 年 6 月

潘映熹 /《荷舞》/“红高粱·文化节——丹青高密”画展画册 /2014 年 5 月

潘映熹 /《蝶舞》/“红高粱·文化节——丹青高密”画展画册 /2014 年 5 月

张龙新 /《天坛古柏》/《国画家》杂志 /2014 年

张龙新 /《燕山劲松》/《美术报》/2014 年

雷苗 /《轻纱·3》/ 墨向·非常态——中国当代水墨邀请展 /2014 年

雷苗 /《华灯·7》/ 游心虚淡——新水墨研究展 /2014 年

雷苗 /《搁物架·6》/ 反观工笔——中国当代工笔学术邀请展 /2014 年

雷苗 /《瓶花》/ 变异——厦门全国工笔画双年展 /2014 年

王德芳 /《微雨洗高林》/ 第十二届全国美术作品展出版画集 /2014 年

王德芳 /《小施大福》/《艺术评论》/2014 年 11 月

姜鲁沂 /《辟雍六艺图》/“大美寻源·辟雍雅集”当代优秀书画家作品集 /2014 年 3 月

姜鲁沂 /《午后的阳光》/2014 年中国艺术研究院艺术创作院美术创作中心画家迎春展出版画集 /2014 年 3 月

姜鲁沂 /《谢觉哉像》/ 纪念谢觉哉诞辰 130 周年全国著名书画家作品展出版画集 /2014 年 8 月

姜鲁沂 /《流云》/“大美寻源·丹青高密”当代优秀书画家作品展出版画集 /2014 年 8 月

姜鲁沂 /《珠乌穆沁草原的冬天》四条屏 /“大美寻源·凤凰雅集”画展画册 /2014 年 8 月

姜鲁沂 /《于谦保卫北京城》/“中华文明历史课题材美术创作过程”草图中期评审 /2014 年 11 月

任清 /《心游林壑》山水系列（之一至之四）/ 中国艺术研究院中国画院第三届院展 /2014 年

版　画

陈平 /《亚裔凤凰》/“大美寻源·辟雍雅集”——当代优秀书画家作品集 /2014 年

陈平 /《双菊》/“大美寻源·辟雍雅集”——当代优秀书画家作品集 /2014 年

陈平 /《婚》/《“激情原野——2014 国际女艺术家作品展”作品集》/2014 年 9 月

陈平 /《毕业照》/2014 年

陈平 /《人来人往系列》/“大美寻源·凤凰雅集”画展画册 /2014 年

篆　刻

骆芃芃 /《天长地久》/《传承经典·收藏文明——中国首届篆刻艺术名家作品收藏展作品集》/ 2014 年

骆芃芃 /《济众》/《传承经典·收藏文明——中国首届篆刻艺术名家作品收藏展作品集》/ 2014 年

骆芃芃 /《日近长安远》/《传承经典·收藏文明——中国首届篆刻艺术名家作品收藏展作品集》/ 2014 年

骆芃芃 /《实至名从》/《传承经典·收藏文明——中国首届篆刻艺术名家作品收藏展作品集》/ 2014 年

骆芃芃 /《为万世开太平》/《传承经典·收藏文明——中国首届篆刻艺术名家作品收藏展作品集》/ 2014 年

骆芃芃 /《礼义廉耻》/《传承经典·收藏文明——中国首届篆刻艺术名家作品收藏展作品集》/ 2014 年

骆芃芃 /《无中生有》/《传承经典·收藏文明——中国首届篆刻艺术名家作品收藏展作品集》/ 2014 年

骆芃芃 /《无中生有》/《传承经典·收藏文明——中国首届篆刻艺术名家作品收藏展作品集》/ 2014 年

骆芃芃 /《中缅之美》/《中缅之美·胞波之情》/2014 年 3 月

骆芃芃 /《胞波之情》/《中缅之美·胞波之情》/2014 年 3 月

骆芃芃 /《国石之都》/ 巴林石博物馆收藏 /2014 年

骆芃芃 /《中石》/《金石永寿——中国艺术研究院中国篆刻艺术院第三届院展暨国际邀请展作品集》/2014 年 7 月

骆芃芃 /《金玉满堂》/《金石永寿——中国艺术研究院中国篆刻艺术院第三届院展暨国际邀请展作品集》/2014 年 7 月

骆芃芃 /《美丽中国》/《金石永寿——中国艺术研究院中国篆刻艺术院第三届院展暨国际邀请展作品集》/2014 年 7 月

骆芃芃 /《三江秋色》/《海宁潮——当代篆刻名家邀请展作品集》/2014 年 8 月

骆芃芃 /《茶和天下》/《艺术时空——中国艺术研究院书画作品集》/2014 年 8 月

骆芃芃 /《一日不见如三秋》/《翰墨千秋 金石永年——第五届两岸汉字艺术节书法篆刻作品集》/2014 年 9 月

骆芃芃 /《芃芃其麦》/《翰墨千秋 金石永年——第五届两岸汉字艺术节书法篆刻作品集》/2014 年 9 月

骆芃芃 /《仁者爱人》/《翰墨千秋 金石永年——第五届两岸汉字艺术节书法篆刻作品集》/2014 年 9 月

骆芃芃 /《礼义廉耻》/《翰墨千秋 金石永年——第五届两岸汉字艺术节书法篆刻作品集》/2014 年 9 月

骆芃芃 /《卿卿子君》/《当代中国写意篆刻研究展作品集》/2014 年 9 月

骆芃芃 /《日近长安远》/《金石长年——中国艺术研究院中国篆刻艺术院第五届篆刻艺术研究生班毕业创作作品集》/2014 年 6 月

骆芃芃 /《天长地久》/《金石长年——中国艺术研究院中国篆刻艺术院第五届篆刻艺术研究生班毕业创作作品集》/2014 年 6 月

骆芃芃 /《无中生有》/《金石长年——中国艺术研究院中国篆刻艺术院第五届篆

刻艺术研究生班毕业创作作品集》/2014 年 6 月

骆芃芃 /《为万世开太平》/《金石长年——中国艺术研究院中国篆刻艺术院第五届篆刻艺术研究生班毕业创作作品集》/2014 年 6 月

曲学朋 /《“兴之所至”等 8 方》/《首届“万印楼奖”国际篆刻大赛暨名家邀请展作品集》/2014 年 10 月

曲学朋 /《满堂花醉三千客》/ 巴林石博物馆收藏 /2014 年

尹海龙 /《图写山川》/《金石永寿——中国艺术研究院中国篆刻艺术院第三届院展暨国际邀请展作品集》/2014 年 7 月

尹海龙 /《永受嘉福》/《金石永寿——中国艺术研究院中国篆刻艺术院第三届院展暨国际邀请展作品集》/2014 年 7 月

书　法

骆芃芃 /《茶和天下 印艺人生》/ 艺术时空——中国艺术研究院书画作品展 /2014 年

骆芃芃 /《唐・张若虚〈春江花月夜〉(节选)》/ 艺术时空——中国艺术研究院书画作品展 /2014 年

骆芃芃 /《白云在幽谷青山出远林》/《金石长年——中国艺术研究院中国篆刻艺术院第五届篆刻艺术研究生班毕业创作作品集》/2014 年 6 月

骆芃芃 /《茶和天下印艺人生》/ 金石长年——中国艺术研究院中国篆刻艺术院第五届篆刻艺术研究生班毕业创作作品展 /2014 年

曲学朋 /《草书小品》/《传承经典・收藏文明——中国首届篆刻艺术名家作品收藏展作品集》/ 2014 年 1 月

油　画

陈平 /《荷》/《美术》杂志 /2014 年

陈平 /《天安门 1》/《中国艺术时空》杂志 /2014 年

陈平 /《剪彩》/《中国艺术时空》杂志 /2014 年

陈平 /《红宝书 2》/《中国艺术时空》杂志 /2014 年

陈平 /《天安门 2》/《中国艺术时空》杂志 /2014 年

陈平 /《红宝书 5》/《中国艺术时空》杂志 /2014 年

徐晨阳 /《水星》/ 首届 恭王府·时代 肖像艺术展 /2014 年

徐晨阳 /《恭亲王肖像画》/2014 年

郑光旭 /《苍远牧牛图》/2014 年

郑光旭 /《西藏组画》/2014 年

郑光旭 /《冬日白桦》/2014 年

郑光旭 /《五台山灭火村》/2014 年

郑光旭 /《五台山小景》/2014 年

郑光旭 /《春阳》/ 中俄油画名家作品联展 /2014 年 10 月

郑光旭 /《翟家苍房》/ 中俄油画名家作品联展 /2014 年 10 月

郑光旭 /《小河边的白桦》/ 中俄油画名家作品联展 /2014 年 10 月

郑光旭 /《堪察加写生》/“万籁交响”名家名画精品邀请展 /2014 年 10 月

皋翱 /《三门路 302 室》/ 第十二届全国美展 /2014 年 10 月

皋翱 / 作品《椅子》系列 /“再见青年”青年艺术家邀请展 /2014 年 10 月

皋翱 / 人物作品系列 / 参加青年艺术邀请展 /2014 年 11 月

皋翱 /《三门路 302 室》/ 中央美术学院研究生毕业展 /2014 年 5 月

雕 塑

吴为山 / 深圳坪山区吴为山作品展 /2014 年 5 月

吴为山 / 心灵对话——吴为山、克罗德·阿巴吉雕塑展 /2014 年 6 月

吴为山 /《杨西光像》/2014 年 6 月

吴为山 /《胡愈之像》/2014 年 6 月

吴为山 /《火炬手》/2014 年 8 月

吴为山 /《赵太牟》/2014 年 8 月

吴为山 /《辛树帜》/2014 年 8 月

吴为山 /《梦舟》/2014 年 8 月

吴为山 /《天人合一 写意雕塑》/2014 年 8 月

吴为山 / 文心铸魂——吴为山雕塑艺术国际巡展·韩国展 /2014 年 10 月

吴为山 / 塑魂鉴史——吴为山创作侵华日军南京大屠杀遇难同胞纪念馆扩建工程主题雕塑 /2014 年 12 月

郅敏 / 大鹏 / 苏州金鸡湖双年展 /2014 年

郅敏 / 行走的龙马 / 长春世界雕塑公园 /2014 年

郅敏 / 朱雀 / 全国第十二届美术作品展 /2014 年

郅敏 / 人鱼 / 马来西亚艺博会 /2014 年

郅敏 / 龙马之 5 / 今日美术馆提名展 /2014 年

郅敏 / 龙马肖像 / 中国雕塑院青岛雕塑展 /2014 年

孙龙本 / 远树含烟 / 中国意象——中国水墨与雕塑大展 /2014 年 3 月

孙龙本 / 山海寻远 / 第二届苏州金鸡湖双年展 /2014 年 5 月

孙龙本 / 永恒的承诺 / 第十二届全国美术作品展 /2014 年 9 月

孙龙本 / 春思 / 中国青年雕塑家邀请展 /2014 年 10 月

孙龙本 / 坐忘 / 东方艺术——中国艺术展 /2014 年 9 月

张崴 /《无意识的置换》/ 第二届苏州金鸡湖双年展 /2014 年 5 月

张崴 /《风景》/ 马来西亚艺术博览会 /2014 年 9 月

张崴 /《圆融》/ 深圳机场当代雕塑展 /2014 年 9 月

张崴 /《纳木措的月光》/ 中国艺术博览会 /2014 年 10 月

张崴 /《轮廓》/ 日本现代雕塑协会展 /2014 年 10 月

李继飞 /《团结进步》/ 第十二届全国美展 /2014 年 7 月

李继飞 /《爷孙——王震和孩子们》/“中国梦·强军梦”军事题材美术作品展 /2014 年 8 月

李继飞 /《日记·卡门》/ 国家大剧院 7 周年雕塑作品邀请展 /2014 年 12 月

李继飞 /《日记·弗朗明哥》/ 第二届苏州金鸡湖美术双年展 /2014 年 5 月

李继飞 /《关公》/ 法国泰勒基金会沙龙展 /2014 年 12 月

李继飞 /《阳光西藏》/ 2014 北京艺博会 /2014 年 10 月

李继飞 /《运动·划艇》/ 中国雕塑院青岛分院雕塑展 /2014 年 12 月

张冕 /《印象苏州》/ 第二届苏州金鸡湖美术双年展 /2014 年 5 月

张冕 /《神农白山识人参》/ 长白山国际雕塑邀请展 /2014 年 8 月

张冕 /《青春勇担当》/ 第十二届全国美术作品展 /2014 年 8 月

张冕 /《看上去很美》/ 2014 年马来西亚国际艺术博览会 /2014 年 9 月

张冕 /《看上去很美》之一 / 深圳机场当代雕塑展 /2014 年 8 月

张冕 /《开卷》之一 / 第十七届北京艺博会 /2014 年 10 月

展览与演出存目

1. 2014年中国油画院——特邀油画家优秀作品展

主办单位：中国艺术研究院中国油画院

承办单位：中国油画院美术馆

展览时间：2014 年 3 月 2 日至 2014 年 3 月 15 日

展览地点：中国油画院美术馆

2. 笔墨踪旅——中国书法院书法作品巡回展

主办单位：中国艺术研究院中国书法院

沧州市人民政府

承办单位：沧州美术馆

展览时间：2014 年 3 月 2 日 至 2014 年 3 月 28 日

展览地点：沧州（名人）美术馆

3. 第六届上元雅集“友谊奖”书法展

主办单位：中国书法家协会

中国艺术研究院中国书法院

北京市平谷区委区政府

北京市平谷区文联

北京市平谷区中国古文字书法研究院

承办单位：中国美术馆

展览时间：2014 年 3 月 15 日 至 2014 年 3 月 26 日

展览地点：中国美术馆

4. 中国油画院课题组学术研究展——澄怀观道

主办单位：中国艺术研究院中国油画院

承办单位：中国油画院美术馆

协办单位：中国文学艺术基金会中国油画艺术基金

展览时间：2014年3月22日至2014年4月7日

展览地点： 中国油画院美术馆

5. 中国意象——当代中国水墨与雕塑艺术展

主办单位：中国美术馆

中外友好国际交流中心

协办单位：中华人民共和国文化部

中国人民对外友好协会

中国驻法兰西共和国大使馆

开幕时间：2014年3月27日

展览地点：法国巴黎大皇宫

6. 自有我在——李胜洪书法展

主办单位：中国艺术研究院

中国书法家协会

中国美术馆

承办单位：中国书法院

展览时间：2014年4月10日至2014年4月22日

展览地点:中国美术馆

7. 孙纲纸本作品展（陈列馆）

主办单位：中国艺术研究院中国油画院

承办单位：中国油画院陈列馆

展览时间：2014年4月19日至2014年4月30日

展览地点：中国油画院美术馆

8. 辟雍雅集·大美寻源——当代优秀书画家作品展

主办单位：中国艺术研究院

中国艺术研究院艺术创作院美术创作研究中心

承办单位：北京孔庙

国子监博物馆

展览时间：2014年4月26日至2014年5月11日

展览地点：国子监

9. “丹青凤凰”——中国艺术研究院美术作品展

主办单位：中国艺术研究院

深圳市宝安区人民政府

承办单位：中国艺术研究院中国篆刻艺术院

展览时间：2014年5月13日至28日

展览地点：深圳福永凤凰艺展中心（原社区办公楼）

10. 2014年第二届苏州·金鸡湖双年展

主办单位：苏州工业园区管委会

中国艺术研究院中国雕塑院

承办单位：新建元圆融集团

苏州工业园区文学艺术界联合会

开幕时间：2014年5月16日

展览地点：江苏苏州

11. 塑说长白山——2014中国当代雕塑作品邀请展

主办单位：长白山保护开发区管理委员会

承办单位：长白山现代雕塑艺术研究院

开幕时间：2014 年 6 月

展览地点：长白山

12. 心灵的对话——吴为山、克罗德·阿巴吉雕塑展

主办单位：中华人民共和国文化部

承办单位：中国艺术研究院

法兰西学院

开幕时间：2014 年 6 月 5 日

展览地点：法国巴黎中国文化中心

13. 第七届研修班毕业作品展

主办单位：中国艺术研究院中国油画院

承办单位：中国油画院美术馆

展览时间：2014 年 6 月 22 日至 2014 年 6 月 25 日

展览地点：中国油画院美术馆

14. 形形色色——首都师范大学美术学院表现性油画工作室

主办单位：中国艺术研究院中国油画院

首都师范大学

承办单位：中国油画院美术馆

展览时间：2014 年 6 月 28 日至 2014 年 7 月 3 日

展览地点：中国油画院美术馆

15. 金石永寿——中国艺术研究院中国篆刻艺术院第三届院展暨国际邀请展

主办单位：中国艺术研究院
中国美术馆
展览时间：2014 年 7 月 2 日至 2014 年 8 月 5 日
展览地点：中国美术馆

16. 中国油画院一年/两年进修班毕业展

主办单位：中国艺术研究院中国油画院
承办单位：中国油画院美术馆
展览时间：2014 年 7 月 6 日至 2014 年 7 月 10 日
展览地点：中国油画院美术馆

17. 大道书怀——中国艺术研究院中国书法院成立十周年书法作品展

主办单位：中国艺术研究院
中国书法家协会
中国美术馆
展览时间：2014 年 7 月 12 日至 2014 年 7 月 23 日
展览地点：中国美术馆

18. 澄怀味象——中国艺术研究院中国画院第三届院展

主办单位：中国艺术研究院
中国美协
中国美术馆
承办单位：中国艺术研究院中国画院
展览时间：2014 年 7 月 12 日至 7 月 23 日
展览地点：中国美术馆

19. “红山印话 巴林国石”——中国首届巴林石篆刻艺术展

主办单位：中国艺术研究院中国篆刻艺术院
内蒙古巴林右旗人民政府
协办单位：巴林石集团
开幕时间：2014 年 7 月 21 日
展览地点：内蒙古巴林右旗

20. “金石永寿”——中国艺术研究院中国篆刻艺术院第三届院展暨国际邀请展

主办单位：中国艺术研究院
中国美术馆
承办单位：中国艺术研究院中国篆刻艺术院
展览时间：2014 年 7 月 25 日至 8 月 5 日
展览地点：中国美术馆

21. 情满桑梓·雕塑盐城——2014中国当代青年雕塑家作品展·盐城展

主办单位：中国艺术研究院中国雕塑院
开幕时间：2014 年 8 月 15 日
展览地点：江苏盐城

22. 忘我之真——源于传统的当代意大利艺术

主办单位：中国艺术研究院
俄罗斯列宾美术学院
中华人民共和国国家外国专家局
承办单位：中国艺术研究院中国油画院
中国艺术研究院研究生院

展览时间：2014 年 9 月 3 日至 2014 年 9 月 19 日
展览地点：中国油画院美术馆

23. 俄罗斯油画精品展（陈列馆）

主办单位：中国艺术研究院
俄罗斯列宾美术学院
中华人民共和国国家外国专家局
承办单位：中国艺术研究院中国油画院
中国艺术研究院研究生院
展览时间：2014 年 9 月 3 日至 2014 年 9 月 19 日
展览地点：中国油画院美术馆

24. 扬州曲艺进京学术观摩展演

主办单位：中国艺术研究院曲艺研究所
江苏省曲艺家协会
中共扬州市委宣传部
扬州市文化广电新闻出版局
协办单位：中国说唱文艺学会
中国俗文学学会
北京大学中文系
承办单位：扬州市曲艺研究所
扬州市曲艺家协会
演出时间：2014 年 9 月 20 日至 2014 年 9 月 21 日
演出地点：中国艺术研究院
北京大学

25. 中国油画院油画家学术研究系列——闫振铎作品展

主办单位：中国艺术研究院中国油画院

中国油画学会

北京画院

承办单位：中国油画院美术馆

中国油画院陈列馆

协办单位：山东银座美术馆

北京维基国际艺术品修复中心

展览时间：2014 年 9 月 27 日至 2014 年 10 月 12 日

展览地点：中国油画院美术馆

26. 国际艺术博览会雕塑展

主办单位：中国艺术研究院中国雕塑院

中马文化交流协会

开幕时间：2014 年 10 月

展览地点：马来西亚吉隆坡

27. 2014第十七届北京国际艺术博览会雕塑展

主办单位：全国政协教科文卫体委员会

中国美术家协会

中国书法家协会

中国民间艺术家协会

中国工艺美术协会

华兴经济咨询服务中心

开幕时间：2014 年 10 月

展览地点：北京农业展览馆

28. 文心铸魂——吴为山雕塑艺术国际巡展·韩国展

主办单位：韩国浦项美术馆

承办单位：韩国浦项美术馆

协办单位：中国艺术研究院中国雕塑院
开幕时间：2014 年 10 月
展览地点：韩国浦项美术馆

29. 第五届红高粱文化节暨“丹青高密”中国艺术研究院书画作品展

主办单位：中国艺术研究院
山东省文化厅
潍坊市市政府
承办单位：中国艺术研究院美术创作研究中心
高密市人民政府
开幕时间：2014 年 10 月 11 日
展览地点：高密展览馆

30. 大美寻源·翰墨薪传——中国画名家作品展

主办单位：中国艺术研究院
孔庙
国子监博物馆
承办单位：中国艺术研究院艺术创作院
中国艺术研究院美术创作研究中心
展览时间：2014 年 10 月 15 日 至 2014 年 10 月 30 日
展览地点：孔庙和国子监博物馆

31. 院展巡回展哈尔滨站

主办单位：中国艺术研究院
黑龙江省文化厅
哈尔滨市委宣传部
承办单位：中国艺术研究院中国画院、哈尔滨禹舜美术馆

展览时间：2014 年 10 月 16 日至 2014 年 11 月 2 日
展览地点：哈尔滨禹舜美术馆

32. “大美寻源——凤凰雅集” 中国艺术研究院美术作品展

主办单位：中国艺术研究院
深圳市宝安区人民政府
承办单位：中国艺术研究院艺术创作院美术创作研究中心
深圳市宝安区福永街道办事处
展览时间：2014 年 10 月 16 日至 2014 年 11 月 15 日
展览地点：中国艺术研究院深圳创作研究基地凤凰艺展中心

33. 绿色空间：不尽的怀思——钟耕略绘画作品展

主办单位：中国艺术研究院中国油画院
岭南画院
承办单位：中国油画院美术馆
岭南美术馆
协办单位：中国文学艺术基金会中国油画艺术基金
展览时间：2014 年 10 月 18 日至 2014 年 11 月 2 日
展览地点：中国油画院美术馆

34. “第五届篆刻艺术研究生班”毕业班师生作品展暨“第六届篆刻艺术研究生班”开学典礼

主办单位：中国艺术研究院中国篆刻艺术院
中国艺术研究院研究生院
开幕时间：2014 年 10 月 30 日
展览地点：中国艺术研究院研究生院

35. 大美寻源·太湖雅集——瓷画精品展

主办单位：中国艺术研究院
无锡市人民市政府
承办单位：中国艺术研究院艺术创作院
中国艺术研究院美术创作研究中心
协办单位：无锡市文化广电局
无锡海邻文化发展有限公司
开幕时间：2014 年 11 月 2 日
展览地点：上海艺术节无锡分会场

36. 中国写实画派十年展

主办单位：中国艺术研究院
中国美术馆
承办单位：中国艺术研究院中国油画院
山东美术馆
协办单位：北京市文物局
南海能兴（控股）集团有限公司
展览时间：2014 年 11 月 7 日至 2014 年 11 月 17 日
展览地点：中国美术馆

37. 首届“中国书法院奖暨青年书法家作品展”

主办单位：中国艺术研究院中国书法院
中国书法家协会
中国美术馆
协办单位：《书法》杂志
海澜集团
展览时间：2014 年 11 月 11 日
展览地点：江阴市展览馆

38. 院展巡回展济南站

主办单位：中国艺术研究院
山东省文化厅
承办单位：中国艺术研究院中国画院
山东美术馆
展览时间：2014 年 11 月 12 日至 2014 年 11 月 18 日
展览地点：山东美术馆

39. 追寻至美——闻立鹏作品展

主办单位：中国艺术研究院中国油画院
承办单位：中国油画院美术馆
中国油画院陈列馆
协办单位：中央美术学院美术馆
山东银座美术馆
大都美术馆
展览时间：2014 年 11 月 15 日至 2014 年 11 月 29 日
展览地点：中国油画院美术馆

40. 中国油画院陈列馆大师研究计划——卢奥作品展（陈列馆）

主办单位：中国艺术研究院中国油画院
卢奥基金会（法国）
吉井画廊（日本）
承办单位：中国油画院陈列馆
悠悦源文化有限公司
协办单位：北京维基国际艺术品修复中心
日本航空公司
展览时间：2014 年 11 月 22 日至 2015 年 1 月 5 日
展览地点：中国油画院美术馆

41. 院展巡回展南京站

主办单位：中国艺术研究院
江苏文化厅
承办单位：中国艺术研究院中国画院、南京文广新局、金陵美术馆
展览时间：2014 年 11 月 23 日至 2014 年 11 月 30 日
展览地点：南京金陵美术馆

42. 大美寻源・国粹薪传——琴棋书画精品展

主办单位：中国艺术研究院
承办单位：中国艺术研究院艺术创作院
中国艺术研究院美术创作研究中心
北京孔庙
国子监博物馆
开幕时间：2014 年 11 月 25 日
展览地点：孔庙
国子监博物馆

43. 意图与模式——韩洪伟、夏俊娜油画展

主办单位：中国艺术研究院中国油画院
岭南画院
展览时间：2014 年 12 月 4 日至 2014 年 12 月 14 日
展览地点：广东岭南美术馆

44. 院展巡回展无锡站

主办单位：中国艺术研究院
无锡市政府
无锡市委宣传部

承办单位：中国艺术研究院中国画院

无锡文广新局

展览时间：2014 年 12 月 5 日至 2014 年 12 月 12 日

展览地点：无锡博物馆

45. 中国当代工艺美术双年展（2014・北京）

主办单位：中国艺术研究院

承办单位：中国艺术研究院

中国工艺美术馆

开幕时间：2014 年 12 月 6 日

展览地点：中国国家博物馆

46. 《塑魂鉴史》吴为山雕塑展

主办单位：中国国家博物馆

中国美术家协会

中国艺术研究院

中国美术馆

承办单位：中国国家博物馆

开幕时间：2014 年 12 月 9 日

展览地点：中国国家博物馆

47. 第四届“挖掘发现”中国油画新人展

主办单位：中国艺术研究院中国油画院

承办单位：中国油画院美术馆

协办单位：中国文学艺术基金会中国油画艺术基金

展览时间：2014 年 12 月 20 日至 2015 年 1 月 5 日

展览地点：中国油画院

文化交流

对外交流活动

1. 3月24日至29日，由联合国教科文组织亚太地区非物质文化遗产国际培训中心（下称“亚太中心”）、柬埔寨文化艺术部和联合国教科文组织金边办事处共同主办的“以社区为基础的清单制定培训班”在柬埔寨暹粒市举办。来自柬埔寨文化艺术部、柬埔寨24个省负责非物质文化遗产保护的文化官员以及柬埔寨相关专业机构代表共四十余名学员参加了培训。

2. 4月11日至16日，我院中国篆刻艺术院院长骆芃芃应日本篆刻家协会理事长尾崎苍石的邀请，与篆刻艺术院研究员冯宝麟一行赴日本神户参加“日本篆刻家协会成立三十周年庆典”系列活动。

3. 4月15日至22日，由亚太中心主办、成都市文化局和成都市非物质文化遗产保护中心承办的《保护非物质文化遗产公约》（下称《公约》）批约及履约培训班在成都举行。来自库克群岛、萨摩亚、图瓦卢、柬埔寨和基里巴斯等国家和地区的主管或从事非物质文化遗产保护工作的官员参加了此次培训活动。

4. 6月3日至6日，亚太中心派员赴法国巴黎参加“联合国教科文组织《保护非物质文化遗产公约》缔约国大会第五次会议”和“第二届联合国教科文组织保护非物质文化遗产二类中心联席会议”。

5. 6月5日，作为纪念中法建交50周年的一项重要活动，由中华人民共和国文化部主办，我院和法兰西学院承办，中国美术家协会学术支持，巴黎中国文化中心和美爵基金会协办的“心灵对话——吴为山、克罗德·阿巴吉雕塑展”开展。

6. 9月1日至4日，亚太中心派员赴萨摩亚阿皮亚参加“小岛屿发展中国家非物质文化遗产保护与可持续发展会议”。

7. 9 月 3 日，由中国艺术研究院、俄罗斯列宾美术学院、国家外国专家局主办，中国艺术研究院中国油画院、中国艺术研究院研究生院承办的“2014 中俄油画创作高级研修班开班式”暨“如见故人来——俄罗斯油画作品展”、“忘我之真——源于传统的当代意大利绘画艺术展”开幕，油画界的著名教授、画家、理论家参加了开幕式，开幕式由中国艺术研究院副院长吕品田主持。

8. 11 月 3 日至 7 日，由亚太中心与萨摩亚教育、体育和文化部，联合国教科文组织太平洋地区办事处共同主办的“南太平洋地区传统房屋建造技艺的振兴与可持续发展研修班”在萨摩亚首都阿皮亚成功举行。来自萨摩亚及斐济、汤加、纽埃、库克群岛、新西兰等周边岛国的五十余名从事非物质文化遗产保护工作的文化官员、专家和传承人等参加了培训活动。

9. 11 月 7 日，由亚太中心主办的“非物质文化遗产保护经验交流会”在北京召开。文化部副部长丁伟、中国艺术研究院院长王文章、国家博物馆副馆长黄振春、中国常驻联合国教科文组织代表张秀琴大使，中国联合国教科文组织全国委员会秘书处、文化部非物质文化遗产司、对外文化联络局、北京市东城区相关负责人，中国非物质文化遗产保护中心和中国非物质文化遗产保护协会相关专家、联合国教科文组织副总干事格塔丘·恩吉达、文化助理总干事阿弗雷多·阿米南，阿塞拜疆、贝宁、匈牙利、伊朗伊斯兰共和国、以色列、卡塔尔、巴勒斯坦、菲律宾 8 国常驻联合国教科文组织代表等近 30 人参加了此次会议。

10. 11 月 24 日至 28 日，亚太中心派员赴法国巴黎参加“联合国教科文组织保护非物质文化遗产政府间委员会第九届常会”。

出版·期刊

文化艺术出版社

2014年，文化艺术出版社在十八届三中、四中全会及习近平总书记文艺工作座谈会重要讲话精神的指导下，在文化部、中国艺术研究院领导的大力支持下，继续坚持“稳中求进”的发展方针，以“无漏洞管理”为核心，开源节流，向管理要效益。全社员工齐心协力，开拓进取，生产与经营已步入良性循环，各项工作稳步前进。本年度文化艺术出版社共出版图书二百五十余种，发货码洋三千五百余万元，实现了较好的发展和增长。

（一）深入贯彻学习习近平总书记系列讲话精神，把多出精品力作作为出版社的中心工作。

为深入贯彻学习习总书记文艺工作座谈会重要讲话精神，文化艺术出版社组织员工参加了院党委中心组组织的座谈会。之后，又在出版社传达了国家新闻出版广电总局《在出版界学习宣传贯彻习近平总书记文艺工作座谈会重要讲话精神座谈会》精神，按照会议精神要求，结合十八届四中全会精神，社里采用集体学习、发放资料、个人自学等方式在全社掀起学习、贯彻习总书记讲话精神的高潮。

通过学习，全社职工进一步增强了政治意识、大局意识、责任意识。文化艺术出版社将以习近平总书记系列讲话精神为指导，进一步强化出版为我国文化艺术事业繁荣发展服务、为中国文化艺术科研发展和学术创新服务的目标。坚持把社会效益放在首位，牢固树立精品意识，注重出版弘扬主旋律，能体现正确舆论导向和优秀学术水准的文化艺术类图书；注重出版传承优秀文化，传播时代精神，促进文化创新和文化积累的图书。多出精品力作，把最好的精神食粮奉献给广大读者。

（二）开展编辑业务培训等系列活动，进一步提高文化艺术出版社编辑业务水平及图书出版质量。

为提高文化艺术出版社编辑人员的业务素质，加强图书生产质量管理，规范生产流程，经过精心准备，2014年3月3日至11日，我社举办了编辑岗位培训工作，共开设了十三讲编辑岗位培训系列课程，此次课程涉及编辑出版的整个流程，内容涵盖了编辑日常工作中的每一个环节。所有课程的设立和讲授都由文化艺术出版社资深编辑及业务部门负责人承担。这是文化艺术出版社建社 34 年以来首次开展的编辑岗位培训工作，对于提高出版社全体业务人员的岗位责任心和业务素质具有积极意义。配合此次培训工作，文化艺术出版社将授课讲义整理成册，编辑为《文化艺术出版社编辑业务培训讲义》，以供以后每年的业务培训使用。之后，文化艺术出版社又制定颁布了《文化艺术出版社学术著作编辑出版体例规范》，对文化艺术出版社学术图书的编辑、体例、版式等做了严格的规范与要求，以促进图书编校质量。

为进一步提升图书出版品质及质量，表彰和奖励在图书出版中精益求精的优秀责编及美编等相关人员，文化艺术出版社于 11 月开始组织开展 2014 年文化艺术出版社“年度好书”推荐和评选工作。12 月底，将由全社职工以无记名投票方式最终选出 5 种“年度好书”，并在我社官网发布获奖图书信息。

以上系列活动的开展，使文化艺术出版社编辑队伍得到学习、锻炼，进一步增强了员工的凝聚力、向心力，取得了良好效果，对编辑队伍的建设及发展有着重要的意义。

（三）加大市场图书的策划、出版及宣传推广力度，树立文化艺术出版社品牌。

出版社转企改制后，一直将加强市场书的策划与出版作为重点工作。目的是适应市场竞争，占领市场份额，走可持续发展之路。在前两年的经验总结基础上，今年出版社在市场书策划与出版方面迈出了一大步。结合文化艺术出版社出版方向，全年有计划、有组织地策划推出了系列市场书，在 2015 年 1 月全国图书月订货会上，文化艺术出版社将集中推出二十余种完全由社内策划、组织的市场图书。如“大家自述系列”、“经典小品文鉴赏系列”、“冯骥才散文系列”、“梁晓声散文系列”等。

2014 年，在策划、出版市场书的同时，出版社加大了对市场图书的宣传推广力度，采用以点带面的方式，通过冯骥才、梁晓声、《遇见巴黎》等几个有新闻效应的点，在不用或少用运营资金的条件下，进行了高效的推广与宣传。进一步树立了文化艺术出版社出版品牌，带动了图书的销售，取得了社会效益和经济效益的双丰收。

2014年1月9日上午，由文化艺术出版社主办的“冯骥才新书发布会”在中国国际展览中心成功举行。此次活动引起了媒体的广泛关注，新华社、央视网、北京电视台、《北京青年报》等媒体对发布会进行了广泛而深入的报道。这些报道涵盖了报纸、电视、广播等传统媒介以及网站、微博、微信等新兴媒介。众多媒体对冯骥才新书新闻发布会的积极报道，使冯骥才新书及文化艺术出版社图书宣传效果得到了进一步提升，同时，对文化艺术出版社的品牌形象的宣传和推广也有着十分积极的意义。

2014年4—5月，文化艺术出版社对新出图书《遇见巴黎》进行了有计划、有步骤的宣传推广工作，除了在网络、手机上予以大量推广以外，还先后在中国国际广播电台、中央人民广播电台做了专题节目。这也是我社自2014年年初冯骥才新书发布、3月北京电视台《探墓手记》宣传项目后，又一次成功的宣传推广案例。

梁晓声《中国社会各阶层分析》（珍藏版）今年6月份出版后，也及时在腾讯、搜狐、新浪、凤凰网做了选载，目前销量也已达20000册。

冯骥才先生的新书《一百个人的十年》8月份推出后，我社宣传推广部门选用部分“文革”的照片、图片，配上文字制作了PPT文件，陪同发行人员到北京市新华书店首都发行所，向其下辖门店的业务员面对面进行了推介。还在主流媒体网站搜狐网、凤凰网等、微博、微信上进行了集中宣传，带动了图书的销售，目前销量已达25000册。

《替全世界去仰望》是文化艺术出版社8月份推出的青年新锐作家林东林的一本市场书。文化艺术出版社在第一时间将作家韩松落、老猫、新京报书评周刊主编涂志刚、凤凰网文化频道副主编于一爽等人写的书评分别编写后在微博微信进行推送，并在和讯网、豆瓣网、百道网、当当网链接推广，反响强烈。

（四）积极参加国内外图书交流活动，“走出去”工作迈出关键性一步。

2012年1月，新闻出版总署出台了《关于加快我国新闻出版业走出去的若干意见》，按照总署精神要求，今年，文化艺术出版社加快了走出去的步伐，找准方向，精心准备，有计划、有目的地参加了国内外一些图书展会，落实走出去的战略规划。

2014年10月7—14日，文化艺术出版社参加2014年法兰克福国际书展，此次参展主打非物质文化遗产类图书品牌。共精选历年出版的非物质文化遗产类代表性图书22种及宣传、推广中国优秀传统文化的戏曲类精品图书4种参展。借助法兰克福国际书展这个大的平台，向世界介绍中华传统文化中的经典，并宣传、推广文化艺术出版社的品牌。展会上，我社领导与国外出版单位及其他兄弟出版单位进行了业务交流、学习，迈出了“走出去”的第一步。

2014年9月，由中国文化走出去协同创新中心、海外汉学研究中心、中国图书进出口（集团）总公司、中国出版传媒商报共同隆重发布“海外馆藏：中国图书世界影响力”报告，其中，文化艺术出版社荣获“2013中国图书世界影响力出版100强”，位列第72位。提高了文化艺术出版社的美誉度与影响力。这也是对文化艺术出版社“走出去”工作的肯定。

最近，韩国某知名出版社与文化艺术出版社正积极洽谈冯骥才先生《一百个人的十年》的版权输出合作。在走出去的同时，我社也积极引进国外及港澳台地区优秀图书，今年从台湾明日工作室股份有限公司引进蔡志忠图说《六祖坛经》、《心经》、《禅说》等系列市场图书的版权，进一步拓宽图书品种，扩大市场书的比例。

积极参展2014第24届贵州全国图书交易博览会。我社携带一百余种图书亮相此次书博会，其中非遗类图书、传统文化类图书受到广大读者的关注和欢迎。

2014上海书展暨“书香中国”上海周于8月13—19日在上海举行，我社精心策划了三场图书签售及宣传活动。8月14日举办的梁晓声《中国社会各阶层分析》读者见面会及签售活动取得圆满成功，在读者中产生了广泛影响。此次系列图书宣传活动带动了文化艺术出版社图书的销售及市场占有率。

（五）落实重点项目的出版工作，积极申报新的国家项目。

明年是“十二五”规划最后一年，今年文化艺术出版社对已入选“十二五”国家重点图书规划项目的“钩沉丛书”、“名家评说丛书”、《马克思主义艺术学原理》、“中国现代文学馆馆藏珍品大系”和《中国工尺谱集成》五套图书的进展情况、完成情况进行了自查与落实。接到国家新闻出版广电总局关于报送《“十二五”国家重点图书、音像、电子出版物出版规划》执行情况和增补项目的通知，我社精心挑选，新申报“十二五”重点图书出版增补项目5项。其后，文化艺术出版社申报的《国家级非物质文化遗产项目代表性传承人大典》在众多的备选图书中被增补为“十二五”国家重点图书。

2014年，文化艺术出版社继续承担国家社科基金后期资助项目的出版工作。接受了“国家哲学规划办”委托的《龚贤艺术研究》、《李凌音乐评论研究 》、《后现代语境下的生态设计艺术研究》等课题的出版工作。我社的编校质量、出版质量、服务质量得到了作者及“国家哲学规划办”的认可。

根据国家出版基金规划管理办公室《关于〈2015年度国家出版基金项目申报指南〉的通知》，我社申报了《京剧大师梅兰芳》与《中国电影历史图志》两个项目，争取国家出版资金的支持。

（六）做好中央文化企业数字化转型升级项目，积极争取财政资金支持

2013年文化艺术出版社被列为首批“中央文化企业数字化转型升级项目实施单位”。为推动中央文化企业数字化转型升级项目的实施，2014年3月7日，文化艺术出版社召开“数字化转型升级项目”启动仪式暨项目介绍会，强调数字出版是今年第一重要的工作，要加强队伍建设，完善工作机制，加强基础设备建设，探索文化艺术出版社优势资源数字出版模式。

之后，我社稳步推进项目合同签订工作。购买了“同方知网数字出版技术股份有限公司”及“深圳市天朗时代科技有限公司”数字化加工软件、内容资源管理系统、编辑加工系统、产品发布系统产品。

截至目前，我社已完成国资预算项目建设要求的软硬件基础建设，软件系统正在试运行阶段，预计2014年12月底前完成该项目软件全流程稳定运行，并为此新建专用机房、配置了开展数字化阶段性必备的基础硬件设备，包括数字化专用台式计算机、服务器、存储设备、网络设备、安全设备等，为满足下一阶段特定形态数字出版产品的生产能力奠定基础。

根据国家财政部《关于做好中央文化企业数字资源库建设项目国有资本经营预算编制的通知》和《关于编报2015年中央文化企业国有资本经营预算支出项目计划的通知》，文化艺术出版社按照“中央文化企业（出版企业）数字化转型升级项目”第二期工作要求及文化艺术出版社数字出版整体规划目标，申报了《文化艺术数字资源库建设项目国有资本经营预算计划书》和《中国传统音乐研究复合出版资源建设国有资本经营预算计划书》，积极争取国家财政资金支持，旨在进一步开展精细化、知识化的增量数字资源生产，以提高我社优势资源的利用率，为大众读者奉献形态丰富的优秀出版产品和信息服务，在市场竞争中不断提高的企业竞争力。

（七）根据出版社转企改制后的发展需要，对文化艺术出版社原有部室及成员进行双向选择、优化组合，进一步加强队伍建设。

转企改制后，为了落实出版社的发展思路及目标，有利于明年工作的开展，文化艺术出版社根据出版业发展的大形势及自身实际情况，年底前，将在基本保留原有部室及人员架构的基础上，对各部室主任及成员采取双向选择的方式进行调整，进行人员的优化组合，建立合理、完善的队伍管理机制和发展模式，以形成科学、高效的生产机制。这些部门涉及图书出版链条的各个环节，通过人员的优化组合，将真正做到岗位明确、职责明确、奖惩明确，以调动全体员工的工作积极性、主动性，有力地推动文化艺术出版社图书出版朝着高效、科学、系统的轨道运行。

（八）加强党支部建设，健全组织，发挥党支部战斗堡垒作用。

一年来文化艺术出版社党支部配合社里中心工作，不断强化党员思想政治教育，继续坚持和完善学习制度，以集体学习、座谈会、发放资料等多种形式重点学习、贯彻党的十八届三中、四中全会精神和习近平总书记系列重要讲话精神。

根据院党委的要求，今年文化艺术出版社健全、完善了支部组织架构。支部委员经常碰头，交换情况；定期组织支部生活和党内民主评议会，充分发挥了集体战斗堡垒作用。今年支部还认真做好党员的管理、发展工作及党费的上缴等工作。引导青年编辑及入党积极分子积极向党组织靠拢，为党组织补充新鲜血液奠定坚实基础。

在党支部带领下，全体党员在出版社各项工作中都起到了模范带头作用。全社员工增强了政治责任感，增加了凝聚力和家园意识，形成和谐团结、创新务实的良好社风。

《文艺研究》

社长 / 主编：方宁

副社长：李香云

副主编：陈剑澜

2014年是《文艺研究》从双月刊改为月刊的第10年(从2005年第1期开始),《文艺研究》作为全国具有重要学术影响力的刊物，始终保持了在全国同行业中的领先水平。这一年，中央召开了十八届四中全会，习近平同志主持召开了“文艺工作座谈会”并发表了重要讲话，通过学习，我们进一步明确了方向，《文艺研究》作为重要的学术刊物，理应承担起历史的责任和文化建设的重任。2014年，按照国家社科规划办要求，凡属于受到国家社会科学基金资助的期刊，必须取消相关经营性的文章，因此《文艺研究》将“观察阐述”的经济创收栏目作了调整，改为纯学术的理论研究选题，刊物的文字版面从此与收费性的文章脱钩。《文艺研究》从2014年开始，在面貌上有了较大的改观，提高了发稿的学术纯度，使转载量保持在全国学术界领先地位的同时，转载率也有了较之以往很大的提高。

（一）本年度编发论文的重要选题综述

艺术学基础理论 针对这个领域基础理论起步较晚、不够完善的现状，理论编辑室组织了两期相关文章进行专门探讨。其中，吴兴明的《论前卫艺术的哲学感——以“物”为核心》围绕前卫艺术哲学展开讨论，作者没有依赖已有的理论；19世纪末以来的绘画史，尽管被艺术史家和艺术哲学家屡屡体系化，但在他的以“物”为核心的阐述角度中仍被整理出一条颇有新意的发展线索。文韬的《雅俗与正变之间的“艺术”范畴——中国古典学术体系中的术语考察》从包括史书经籍志、图书目录、正史列传在内的古籍中一一检视“艺术”这一义项的有无、细类、等级，这种从中国古典学术体系的内部进行扎实考察的方式，最大限度地克服了结论先行的弊端，尊重了传统的原貌。朱立元的《对西方后现代主义文论消极影响的反思性批判》从五个方面列出西方后现代主义文论的主张，阐发每种主张的来由、见解以及弊病，在每一方面之中侧重于结合我国当前文艺学、美学的研究局面和倾向进行批判，强调以马克思主义唯物史观为指导的文艺理论的基础性作用不容消解。第二组文章侧重于美术史与文化史相互参照，从中析出更加深入的观点。比如丁宁的《漫议西方名画中的细节问题》使用了大量的实例，其优美的语言、精细的分析、充沛的情感充分体现出“漫谈”这类文体的优势。又如韩伟华的《罗马教廷中的希腊哲人——从〈雅典学园〉透视文艺复兴时代艺术与宗教之关系》，以文献整理见长，作者通过梳理自古以来围绕拉斐尔壁画《雅典学园》的画旨所出现的各种观点，给我们呈现出一部较完整的《雅典学园》研究史。

西方文论研究 我们同样组织了两组文章进行专门探讨。其中第一组是以“西方文论在中国语境的空间和张力”为主题的一组笔谈。笔谈的六位作者方维规、耿幼壮、孙郁、张隆溪、陈剑澜分别从自己的学术视角出发，涉及了文学的位置、批评的空间、文论如何讲述、意义与无意义的关系、本土文论的原创价值等领域的关键问题。在第二组西方文论研究选题中，赵毅衡的《广义叙述分类的一个尝试》旨在将叙述学从文学领域突破,成为社会人文学科的一般研究领域;王峰的《文学伴随论》则提出，类型保证叙事的合理性，真实的程度是类型内部逻辑运行恰当与否在读者那里产生的结果。

美学研究 在这个选题下，我们组织刊发了重要文章有：宁晓萌《目光的追问——从福柯“实物—画”概念看画与物的关系》以福柯关于马奈绘画的讲座为核心文本，牵涉出绘画之为“物”的问题，并辐射至海德格尔的绘画理论以及福柯《词与物》的相关讨论。作者认为，把绘画本身作为“物”、而非与物相关的表象，是海德格尔、福柯乃至马奈等人从不同角度、不同方式所试图证明的一个观点。王才勇的《现代视觉图式的美学话语》认为，视觉的现代性在于视觉自律。为了概括这种视觉现代性的总体特征，作者用六种形式语汇连缀成一张网，力图网罗现代艺术全体。作者还努力从现代生活的土壤来寻找这六种形式语汇的成因，在这一点上颇得作者所译的本雅明的方法精髓。刘阳的《美学的叙事转向》是一篇探讨美学研究与教学相互结合、相互促进的理论文章。作者认为，从根本上讲，美学作为感性学，相比于其他学科，天然地具有人生之学的含义，因而更适合于叙事；人生由若干入场和离场构成，叙事同样如此；美学和叙事都具有直观真理的能力。

当代文学批评 这类选题今年共组织了四次，所刊文章所使用的方法和视野不一而足，体现出文学批评的多元视角。主要文章如下：孟繁华的《建构时期的中国城市文学——当下中国文学状况的一个方面》从文明变迁的角度为当代中国文学的症状把脉，结合具体文本分析概括出过渡时期的若干顽疾。这篇论文集中写城市文学，尤其是写城市文学的困境：文学的纪实性尽管在一定程度上映射出动荡的人心等现实情况，但目前积累的创作经验尚不足以出现非常优秀的代表性作品。王尧的《“循环往复”与“历史终结”——关于当代中国文学制度的一种考察》，考察的是从20世纪50年代到70年代之间的中国文学的国家制度。文章以当时的报告、纲要、纪要、社论、谈话、批示、讲话、指示等各种形式的指导性文字为主要依据，追溯当时文艺政策的形成、调整、延续或断裂，展现当时的历次文艺运动的倡导和回应的经过。这样的分析可为文学史的写作、文学作品的阐释提供制度背景和一定程度上的思想成因。吴义勤的《“吃人”叙事的历史变形记——从〈狂人日记〉到〈酒国〉》将《狂人日记》里的“吃人”叙事作为一个启蒙主义文学命题，把现当代文学的一系列有着现实批判意味的文学作品归入此类命题之下，将它们解释为一个文学传统。金理的《“宅女”，或离家出走——当下青春写作的两幅肖像》是一篇专写小说人物形象的文章，两位80后作家小说中的中心人物被分别放到中西方、现当代文学史中进行人物形象对比，鲜明地突出了他们的类属、传承性，尤其是独异之处，写出了他们的既新又旧的境遇。陶东风《一个知识分子革命者的身份危机及其疑似化解——重读王蒙的中篇小说〈蝴蝶〉》从被新的政治社会思考洗礼过的今天人的眼光，来回看当年的小说，这样的重读发生了一些之前或许难以发生的碰撞，于是，在原小说中，正面的感慨或许变成暗讽，直接的领悟有时显露出浅薄。当然，这些丰富的层次中，有些为原小说所本有，有些确实是沾染了今人眼光后发生的化学反应。李建立的《转折时期的文学生活——〈今天〉(1978—1980)“读者来信”研究》是一篇文学史料研究的文章，围绕《今天》杂志展开。作者从两个方面入手相关史料：首先也是主要的，是第一手的一千多封当年的读者来信；其次是今人对该期刊的回忆和评价。作者希望借助这些史料的整理研究，重新界定《今天》的文学史位置，扭转它作为地下刊物的定位。黄发有的《“长篇崇拜”与文体关系》从20世纪90年代以来愈演愈烈的长篇小说创作热潮入手，针对当代文坛文体不平等的现象做了直接而有力的批评。尽管文体分优劣等级是每个时期共有的现象，但作者所剖析的“长篇崇拜”背后的驱动力发人深思：规模崇拜；观念超载；形式粗疏。这几点可以说是时代征候的体现。

当代思潮批评　这组文章对当今所盛行或已结束的思潮进行反思。例如耿占春的《主体性观念的兴起、话语策略及其衰落》，从已发生了语言学转向的学术视野进行回顾性考察，考察的对象则是“转向”之前的中国当代主体性观念的兴衰历程，即从无主体时代向有主体时代进行回顾。刘春阳的文章则选择了一个新鲜而有力的视角，即国家和市民社会的分离对应，从而在众多讨论“美学热”的文章中脱颖而出。作者认为，这三次思潮在中国社会上的意义应该视作市民社会与国家话语争夺意识形态领导权，是三次“文化战争”。这个提法超出美学研究的内部史论分析，以社会现代化的动力论阐发美学思潮的必然性，以外部的大局眼光穿透文胜质的审美领域，使之“文化研究化”。

“书与批评”栏目坚持学理性、批评性、争鸣性原则，以文学艺术研究为主，适当扩展至人文社会科学交叉领域，每期发表一篇专题书评，对学术新作或学术经典进行有质量的讨论。其中比较突出的作品有：陈文新的《〈剑桥中国文学史〉商兑》以自己编写《中国文学编年史》的经验为基础，不厌其细，对《剑桥中国文学史》的编写方式和论断硬伤一一作了质疑和讨论。赵牧的《视觉呈现与主体位置——读张慧瑜〈视觉现代性：20世纪中国的主体呈现〉》沿着原书作者张慧瑜的思路追溯了鲁迅当年观看视角和观看效果的由来，并将那一代现代文学者的观看、当代研究者的观看、包括张慧瑜本人的观看都融入这一系列对于主体位置的讨论中去，让这个知识共同体内部的各个观察者相互之间发生催化作用。赵良杰的《价值现象学的迷失——评刘小枫〈拯救与逍遥〉的思想视野》以刘小枫影响较久、争议较多、一再再版的《拯救与逍遥》为评论对象。刘著侧重中西的对话，在比较中寻找现代的出路。赵良杰的书评也是对话，从总体上看，可以说他在编演一场哈贝马斯和刘小枫之间的对话，让前者挑战和反对后者，质言之，他在借用哈贝马斯的主体间性哲学反对（他所界定的刘小枫的）主体哲学。作者沿用了他所擅长的细化问题的写作方式，行文整体显得规整、清晰，不落空谈。

造型艺术研究选题 2014年第1期重点推出了对中国当代水墨的研究，发表了中央美术学院教授殷双喜的《从现代到当代：全球文化视野中的中国当代水墨》，美术理论家、批评家贾方舟的《柳暗花明：走向当代的新水墨》，芝加哥艺术学院美术史理论与批评系教授蒋奇谷的《为什么水墨没有当代？》，美术理论家、批评家鲁虹的《水墨创作与"图像转向"》。殷双喜的文章结合当下水墨创作实践进行理论阐发，视野开阔。作者强调当代水墨的问题不仅仅是一个水墨内部的问题，不能仅停留在笔墨形式的层面，而必须和艺术的当代性与当代生活经验相结合，最终实现对现代精神的探索与表达。鲁虹一直以来主要致力于中国水墨画的研究，对现当代水墨艺术的发展提出过不少主张，也引起过不少争论。这篇文章从一个具体的展览出发，联系诸多创作现象展开论述，篇幅不大，但言说清晰，观点鲜明，有很强的针对性。贾方舟是美术理论与批评界的"一线"专家，也是多年来美术创作与观念思潮演变的亲历者。他的文章对当代水墨画的发展变化进行了比较清晰的梳理，对相关问题进行了比较充分的分析，也对水墨画的新的发展趋势提出了自己的主张。蒋奇谷近年来不断对中国水墨包括当代艺术提出批评，也在和国外的理论家、批评家开展的对话中完善自己的看法。在这篇文章中，他对水墨的三个形态进行了分析（传统笔墨、笔墨改革、以笔墨为媒材之一的综合作品）。他所要表述的是，在我们关于水墨的讨论中的"当代"与西方艺术理论中的所谓“当代”，在概念上有很大的差异，值得探讨。

中国近现代美术史研究是一个题材广泛的领域，涉及创作、理论、传播与教育等多个方面。2014年，本刊在这方面编发的文章有吕澎《文明的维度——晚清洋风画的历史及其与中国近代美术史的关系》、林晓照《教化之极高点：清末“美术”的兴起》、王洪伟《滕固美术史研究受梁启超“进化”史观影响辨讹》、蔡涛《“新写实主义”的流变——折衷的理论策略与孤岛时期倪贻德的洋画创作》、杨肖《艺术为“方便”、绘画为新民——论20世纪20年代至40年代丰子恺具佛教意味的漫画》、彭莱《关良与“洋画运动”》、陶小军《民国前期书画市场与社会变迁》等。作为西画东渐中一个重要艺术现象的晚清洋风画至今都没有得到深入研究，吕澎认为这是中国美术史研究中的严重遗漏。他的文章从学科建设的高度提醒这部分历史的存在，以期在今后的相关研究中呈现一个完整的晚清绘画史的面貌。王洪伟的文章承袭了作者一贯的思辨风格，逻辑清晰，论据充分，从几个层面论述了滕固的美术史学观念和方法论意识，同时分析了民国史学尤其是梁启超的史学观对美术史界的影响。本文对于民国美术史学的研究具有一定的推动作用。《护生画集》是丰子恺最重要的绘画作品，但一直以来没有得到充分阐释。杨肖的文章以作品为根本，通过视觉分析、文献解读，挖掘出这部作品的深层次内涵。蔡涛的文章虽是研究性的，但带有感情倾向，有同情，有赞赏，还有少许批判。难得的是作者写画家个体写出了历史，以个人的经历、学术、创作折射出了时代。

中国古代美术史及理论研究选题 2014年编发的文章有张长虹《美术史上的失踪者——谢时臣现象的历史考察》、陈研《作为艺术的题款时间——论德藏〈会真图〉的纪年题款》、王菡薇《从刘宋元嘉二年石刻画像与敦煌本〈瑞应图〉看南朝绘画》、黄丽莎《明末清初文人山水画中的西洋影响》、邵军《从竟陵派与画家的交游看晚明文人的“诗画兼善”》、陆蓓容《〈授研斋鉴藏录〉与宋荦的旧藏——管窥清代书画鉴藏史》、张卉《纽约大都会博物馆藏龚贤〈山水册〉跋文研究》、夏开丰《顾恺之传神论中的生存论境域和“看”的首要性》等。明代中期苏州画家谢时臣在当时颇有名气，后来被美术史遗忘，其中的原因何在？张长虹的文章以大量文献为基础，讨论明清以来画家的社会接受与形象建构问题，不仅为读者展示了谢时臣的形象和艺术，而且对美术史的写作也提出了自己的看法。陈研的文章研究的是一套版画作品的题款时间，这种角度非常少见，也很有趣味。文章抽丝剥茧，细致分析了三重时间的重叠现象。实中有幻，幻中有实，这样的玄妙不仅是闵齐伋在整套《会真图》中所追求的，作为读者在阅读本文的过程中也时不时有这种感觉。明清之际，西洋画的传入是否对文人画创作产生了影响，这是一个颇有争议的问题，至今没有定论。黄丽莎的文章是认同“西洋影响论”的，除了通过文献从侧面论证这种影响的存在，更是通过对几幅典型画作的解读来确立自己的观点，有一定的说服力。纽约大都会博物馆藏龚贤《山水册》是龚贤晚年的重要作品，尤其是其中的跋文体现了他晚年的主要画学思想。虽然很多学者对此有关注，但系统研究几乎没有。张卉的文章从“丘壑”、“笔墨”等问题出发，逐一探讨跋文的内涵，有助于我们更深入地把握龚贤。

外国美术史和理论研究选题 本年度发表了卢文超《霍华德·贝克尔的“艺术→社会学”炼金术》、邹建林《关于“心灵图像”——从人类学角度看图像的性质》、张坚《风格：从历时到共时——20世纪中晚期风格问题的讨论及其影响》、鲁明军《视觉机制与认知秩序——论克拉里的视觉考古学与现代性叙事》、沈语冰《如何用苹果讲故事：对现代艺术中的人性的再认识》、王志亮《当代艺术的当代性与前卫意识》等。邹建林的文章从汉斯·贝尔廷的理论出发，结合从维特根斯坦到胡塞尔的相关阐述，对论题进行了深入细致的阐发，读来很有启发性。张坚的文章主要是介绍西方美术史学者对风格问题的讨论，时间跨度是20世纪50年代到70年代。这些学者主要反对20世纪初沃尔夫林那一代学者对风格的认识。沃尔夫林和李格尔等认为，风格是自律发展的，也就是每一个时期的艺术家都会具有相同的风格，并且风格会发展和衰落。这种观点被称为历史决定论，也是贡布里希等所反对的。这篇文章有助于我们理解和认识当下欧美国家艺术史的研究视野和形态。鲁明军的文章是国内第一篇介绍克拉里专著的论文。尽管克拉里受福柯影响很大，但是他的落脚点不是简单的反现代性叙事，而是揭示现代性内在的悖论。跟其他艺术史不一样，克拉里并不把艺术当作一个艺术家个人的趣味、风格或观念，也不把艺术视为一个时代的图式、象征或符号，而是回到一个内在的认知层面来讨论。正是在这个层面上，他认为视觉技术、绘画与哲学是一种同构的关系。为此，他提出了19世纪前后认知的断裂，这种断裂伴随着绘画、视觉技术以及哲学思想的整体转向，这也就为我们提供了一个观看艺术、认知历史的新视角。

书法艺术研究选题 2014年刊发了薛龙春《从“点画”到“线条”：论晚明书法的小大之变》、蔡显良《傅山书法的“天机自然”与“四宁四毋”》、祝帅《他山之石筑兰亭——北美、欧洲的〈兰亭序〉研究及其启示》、陈志平《张旭悟笔因缘考辨》、詹绪左《“书道”阐微》、郭建平《书法题跋中的书法批评——以宋代诸家书法题跋为例》等。晚明时期巨轴行草流行，视觉上给人以强大冲击，同时也改变了传统书法的许多特性。薛龙春的文章从造成这一改变的社会物质条件进入，进而分析晚明士人审美观的变化、书写姿势对书家的影响，最后落点在作品本身。这篇文章的最精彩之处是对于作品的赏析、解读，由于专家亲见部分原作又深有感悟且表述精确，所以读之令人畅神。蔡显良的文章是带着强烈的问题意识进行写作的。正如作者所说，在当代书坛“四宁四毋”与傅山是紧密联系在一起的，二者都被一些人用来作为自己“丑书”的挡箭牌。但作者认为，“四宁四毋”并非傅山的书法美学思想，而是他的政治思想的一种说辞。事实上，傅山书法的核心审美观是崇尚古法与天机，他的大部分作品也体现了这种思想。本文史料丰富，思维缜密，逻辑清晰，很好地论证了自己的观点。祝帅的文章是一篇关于海外《兰亭序》研究的综述性论文。它对欧美国家具有代表性的中国美术史研究学者的相关文本进行了细致的、有针对性的分析，并提出了自己的见解。在当前中国美术史界“海外汉学热”的学术风气中，这样一篇深入解读文本的文章确实让我们看到了在中国美术史研究中中外不同的学术传统和问题意识。

戏剧戏曲研究选题 这一领域的研究成果的刊发，是《文艺研究》的重要内容之一，在国内学术期刊界具有不容置疑的权威地位和影响力。在选择刊发文章时，注意提出问题的重大性和视野的开阔性，注意论题阐释的完整性和资料发掘的新颖性，尝试在细部的个案戏剧研究中，把理论观念和学术视角带入其中，从而在细微处、在某一点上获得富于启发性的思考和结论。2014 年第 1 期刊发康保成的文章《〈永乐大典戏文三种〉的再发现与海峡两岸学术交流》，该文是一篇有关当代中国戏剧文献的寻找、收藏、传播的研究文章，具体涉及《永乐大典戏文三种》的“再发现”以及两岸之间的学术交流。这样一段学术文献的历史考证研究，对于我们更好地了解戏剧文献的价值以及戏剧文献收藏和传播的意义，有很好的帮助。全文考证缜密，线索清晰，史料运用合理，作者的厚重历史感和学术价值判断蕴含其中，具有很高的学术水平。同一期还刊发了陈志勇的文章《琉球演剧与明清中国戏曲之东渐》，该文研究的对象是琉球演剧和中国、琉球、日本三国之间的戏剧交流，在充分发掘史料的基础上，还原性地描述了当时三国尤其是中国和琉球之间的戏剧传播和影响状况。这样的研究在国内戏剧界尚不多见，是一篇比较有价值的戏剧史研究文章。本刊第 4 期刊发黄振林的文章《钱钟书解“戏”释“曲”》，该文尝试勾稽钱钟书著述中有关戏剧戏曲方面的文献资料，发掘其中存在的戏剧戏曲思想。这样的专门研究，目前国内戏剧戏曲研究界少见。从作者的考察看，钱钟书的戏剧戏曲思想表现在多方面，戏曲与史述、戏曲题材、戏曲语言修辞、戏曲叙述技巧等均有涉及，并不时有精彩的议论和见解。本刊第5期刊发傅谨的文章《梅兰芳与新文化》，该文讨论梅兰芳与新文化的关系，提出了全新的见解。有关梅兰芳与新文化的关系，戏剧界通常以鲁迅乃至胡适的说法为依据，指出梅的戏剧观念和他的京剧演出的"旧文化"性质。傅文通过历史史料的发掘，以及梅兰芳在当时的社会交往和演出活动的情形，试图确认梅兰芳本人及其戏剧与"新文化"的联系。傅文推翻成见，有学术创新价值，值得戏剧戏曲研究界重视。本刊第8期刊发海震的文章《京剧〈王宝川〉与英语话剧〈宝川夫人〉》，该文以熊式一在1934年英国伦敦出版的根据京剧《王宝川》改写的英语话剧《宝川夫人》并于当年被搬上伦敦戏剧舞台为基本线索，详细介绍了从京剧《王宝川》到英语话剧《宝川夫人》改编（增删）的具体细节以及改编者的背景和意图。应该说，在中西文化（戏剧）交流尚欠通畅的语境下，这一跨文化实践活动很好地表达了中国传统戏剧的观念、内涵和形式在创造性改编中可能发挥的艺术空间和张力。虽然海文研究的只是个案，但这是一个成功的个案，从一个侧面有力地说明了跨文化交流中的可能及其影响。

影视研究选题 当前中国电影事业的蓬勃发展，对电影理论提出了更高的要求。本刊作为学术和理论并举的名刊，一直把开拓、提升中国电影的理论研究视野和理论水平作为自己的责任。本刊第2期刊发陈林侠的文章《大众叙事媒介的文化竞争力与李安的意义》，该文从文化竞争力角度介入李安电影意义的阐发，提出作为华人导演的李安，之所以能够在全球化背景下成长为具有不可忽视的竞争力，主要在于他的借助儒家伦理构建的日常生活内容，这一内容以维护文化传统和文化中国形象为基点，从而成功地构造出大众媒介时代电影叙事的影响力。本刊第3期刊发陈阳的文章《中国电影票房转机所呈现的文化政治问题》，该文从电影票房出发，考察其中所隐含的文化政治问题。2013年，一系列中国非大片制作的电影获得不错的票房成绩，与之相比，来自好莱坞的美国大片乃至中国自己制造的大片，都呈现出票房纪录下滑的迹象，这一新的票房现象引发作者思考。好莱坞大片的文化空心化以及中国新生产的一系列非大制造影片的文化精神内涵的充实，成为决定票房好坏的一个极重要的显在因素。同一期还刊发了李道新的文章《冷战史研究与中国电影的历史叙述》，该文提出冷战史研究与中国电影的历史叙述问题，这应该说一个电影研究的新视角。尽管之前已经有海内外学者从冷战背景出发关注和讨论过电影问题，提出"冷战电影"或"电影冷战"概念，但是缺少世界电影冷战史、尤其是国别意义上的冷战电影史的自觉写作。该文在梳理之前相关研究文献的基础上，更加自觉地思考宏观意义上的中国冷战电影史的叙述、特征及其可能。本刊第 11 期刊发徐杰的文章《大数据时代下新媒体电影的呈现与问题》，该文探讨新媒体电影的存在生态问题。新媒体电影不仅本身受到互联网的影响，成为一种具有新生意义的网上电影形态，而且由于大数据的介入和可能的拓展空间，新媒体电影又有了互联网技术优势所提供的大数据的存在特征。大数据对新媒体电影影响如何，利弊如何，这些正是该文所关注的内容。应该说，这是一个全新的电影话题，是一个值得关注的电影和互联网交互作用的文化艺术现象。

关于电视艺术研究，本刊第 12 期刊发了徐敏的文章《电视的兴起：1980 年之际内地电子媒介与日常生活》，该文聚焦 1980 年前后这一有特别意义的年份，在当时改革开放的语境下，中国内地电视与日常生活的勃兴，这一方面反映了整个社会的政治经济变迁，另一方面也揭示了媒体技术和传播制度的革命对人们观念和生活方式的影响。文章从电视视角进入，以点带面，微观解析与宏观把握结合，某种意义上补写下学术界研究的一个空白。同一期还刊发了李兴阳的文章《中国电视剧叙事批评综论》，这是一篇从叙事角度介入梳理电视剧批评的综论，从电视剧播放迄今的六十年里，大致可以将电视剧批评分为三大时期，分别对应于中国传统叙事、西方经典叙事和后经典叙事三种模式。李文详略得当地列举和指出了不同时期的代表作品和批评特点。通过综合比较和分析，较好地呈现了中国电视剧批评的叙事面貌和历史脉络。这样的电视剧批评研究文章，国内目前还不多见。

视觉媒介研究选题　面对全新的媒体文化现象不断涌现，学术界尚未完成自己必要的学术和理论的积累，还需要更具创造性地发掘研究对象在各个层面的特点和价值，同时大力引入西方比较成熟的媒介研究成果，在本刊发表的为数不多的相关文章中，尽力做到篇篇都有问题、有思考、有洞识，成为该领域研究的精品。本刊第 6 期刊发晏青的文章《论大众传媒时代的娱乐修辞及理论逻辑——兼论娱乐研究的方法论转向》，该文集中探讨大众传媒时代的娱乐问题。尽管当今社会此一问题已经受到普遍关注，但是像晏文这样把娱乐与大众传媒结合起来，并提升到整个社会运作机制的视角加以观照，尚不多见。该文在整合西方学者一系列研究的基础上，提供了对于娱乐的内在肌理的初步分析，由此进一步揭示了在这样的肌理作用下，娱乐修辞运作机制的文化编码和意识形态的特质。同时，晏文还提出在大众传媒时代，应该走出传统价值独断的批判立场，为娱乐研究寻找新的方法论基础。同一期还刊发了奥地利克拉根福大学教授克里斯蒂娜·沙赫纳（Christina Schachtner）的文章《数字空间中的主体建构——网络一代的各个侧面》（樊柯译），该文从社会学视角介入互联网虚拟空间对年轻一代的影响和塑造问题。通过有代表性的网络调查和理论分析，探寻年轻一代网络活动的基本状况和特质，尤其是他们如何在虚拟和实体不同空间转换自己的身份，培育自我的存在方式，使虚拟世界实体化、主体存在个体化，由此成为新一代的网络生态中的主体。这一研究具体地揭示了网络对于当下年轻人乃至社会的深刻改变，启发我们进一步理解网络存在与人的存在互动之意义。本刊第 10 期刊发了秦兰珺的文章《数字界面：虚拟现实与虚拟化的现实》，该文所谈论的界面看似日常小事，不过在当今数字全面进入人们的工作和生活时，这却不能不成为一种关键性工具，或者说是人的一种全新的日常生存方式，显然，数字界面的出现具有革命性意义。该文初步讨论了数字界面构建的形态、结构和影响，这使我们认识到这一在我们身边每时每刻发生的带有根本性质的变化及其中可能蕴含的问题。界面乃至数字界面问题非常值得关注，也值得学术界加以大力研究。本刊第 12 期刊发了周志强的文章《浪漫“韩剧”异托邦的精神之旅》，该文是一篇分析“新”韩剧的专文。2013 年以来韩剧再次大举登陆中国内地。这次韩剧潮有什么新的特点，韩剧在全球化中又制造了怎样的新模式，韩剧内容又有什么变化和亮点，这些问题都成为该文所关注的焦点。该文犀利而敏锐，带我们近距离全方位地对“新”韩剧进行了一次深度探析，对我们提升对流行文化的理解大有裨益。

（二）本年度主办的重要学术会议和相关活动

2014 年 10 月 13 日至 16 日，由《文艺研究》杂志社与西南大学中国诗学研究中心联合主办，西南大学中国新诗研究所、武隆县文联、武隆县喀斯特旅游（集团）有限公司承办的“第五届华文诗学名家国际论坛”暨“印象武隆”诗歌采风在重庆市西南大学和武隆县举行。

来自荷兰、新西兰、韩国、日本、泰国、新加坡、菲律宾、文莱以及中国大陆、香港、台湾、澳门等国家和地区，包括舒婷、叶延滨、傅天琳、张新泉、娜夜、李琦、林雪等全国文学奖、鲁迅文学奖获得者在内的一百二十余位诗人、学者出席论坛，通过主题演讲、综合论坛、专题论坛等方式，围绕华文新诗“二次革命”与“三大重建”、华文诗歌与诗学的范式与价值、新时期“新来者”诗群及 21 世纪新诗艺术的美学流变、现代汉语与中国新诗、新诗经典重读及武隆新诗创作研究等议题展开了深入、广泛的学术讨论与交流。本刊资深编辑、综合艺术编辑室主任戴阿宝研究员与会。

《艺术评论》

主　编：唐　凌

2014年，《艺术评论》杂志社深入学习贯彻习近平总书记在文艺工作座谈会上的重要讲话精神，以及党的十八届三中全会、四中全会精神，在院领导的关心指导下，坚持办刊宗旨，紧密联系当下艺术现实与热点艺术话题，深入探讨重大艺术理论问题，加强艺术评论工作的导向性和针对性。特别是改版一年来，通过不断探索与自我提升，明确杂志定位与办刊风格，使杂志质量有了明显提升，得到了政府管理部门以及艺术界专家学者及艺术家的认可和支持，在艺术界与理论界产生了一定的影响。现将全年工作重点总结如下。

（一）加强杂志内容建设，强调文艺批评的针对性与当下性

内容是杂志的立身之本。我刊自创刊至今，始终遵循党中央对文艺批评工作的方针政策，致力于提升刊物质量。为深入学习贯彻习近平总书记在文艺工作座谈会上的重要讲话精神，我刊组织编辑部全体编辑学习讲话内容，以更好地指导执行杂志社今后具体工作。回顾过去的一年，我刊紧贴当下艺术现实，注重艺术评论的广度和深度，努力保持艺术评论的独立性与学术性，力求做到王文章院长为我刊百期纪念题词时提出的期望：“评论准确，生动活泼”。

（1）强化评论意识，快速敏锐地对文艺界重要事件做出反应。今年，针对网络时代批评话语权的“分割”“重组”现象，推出特别策划“网络时代的艺术批评”系列栏目，邀请田本相、李扬等评论家就这一现象展开探讨；针对编剧在影视作品生产过程中的弱势现象，推出“影视编剧的身份定位再反思”栏目，邀请学者讨论在国内外影视剧生产机制与行业生态等比照中探索改善中国影视编剧地位的可能性途径；对马尔克斯的逝世及时邀请学者撰文回顾学术经历。在文化部正式

成立国家艺术基金之际，邀请相关人士及时解析政策法规，从学理的角度剖析国家艺术基金模式特点功能。针对曹禺经典话剧《雷雨》公益场演出“笑场”引发的一系列争论，特别推出“经典作品的当代阐释与接受”栏目，邀请专家观察现象、剖析原因，探讨经典作品传承方式以及年轻一代的精神文化寄养问题；针对当下国内剧院“同质化”现象推出“我们需要建立什么样的话剧院”栏目，邀请专家从不同侧面进行讨论，以期引起业界反思；针对当下艺术生产中的自我复制、雷同、山寨的普遍现象，推出“‘山寨’艺术的文化解读”栏目，邀请专家探讨现象原因。这些栏目与艺术现状紧密联系，一经推出，便引发业界强烈反响。

（2）关注重大艺术活动。积极配合文化部和院里举办的重大艺术活动，推出了“聚焦中国梦”、“致礼《百年巨匠》”、“第二届中华艺文奖”、“第六届中欧文化对话论坛”、“国家京剧院 2014‘致春天’”、“梅兰芳先生诞辰 120 周年”、“大美寻源——当代优秀书画家作品展”等栏目。

同时关注当下艺术现象、艺术思潮、艺术事件，适时推出“网络时代的艺术批评”、天津大剧院现象、“《归来》能否归来？”、“大都会水墨展”、第五届北京南锣鼓巷戏剧节、“关于诗”、“15 分钟——安迪霍沃尔巡回展”、“青年戏剧”、“被‘绑架’的编剧”、“上海沪剧院建院 60 周年”、“建筑与当代艺术论坛”、“中国艺术教育”、“纪念小百花艺术团成立 30 周年”、“中国昆舞第二届国际研讨会论坛”、“新世纪中国诗歌与当下现实”、“中国音乐剧现状”、2014 年“北京舞蹈双周”、“驻校诗人”、“东方葵——许江艺术展”、“歌剧《战争与和平》”、“《黄金时代》的成色”等特色栏目，对艺术热点做出及时反馈，反响热烈。

（3）关注当下艺术创作以及重要作品。关注当下艺术创作动态，对新编剧目及新创作品给予关注支持，邀请专家撰文评论，起到指导创作的作用。相关作品有：舞剧《红高粱》、话剧《伏生》、话剧《玩偶之家》、话剧《六个寻找剧作家的剧中人》，话剧《开膛手杰克》，电影《地心引力》、《为奴十二载》、《小时代》，电视剧《返城年代》，河北梆子《北国佳人》、《黄金时代》，话剧《麦克白后传》，湖南花鼓戏《讨学钱》，舞蹈《饭罐罐》，大型原创舞剧《孔子》，大型民族歌剧《回家》，歌剧《战争与和平》，话剧《枕头人》，评剧《城邦恩仇》，台湾话剧《淡水小镇》，话剧《假面·玛丽莲》，原创歌剧《骆驼祥子》，话剧《离去》，音乐剧《王二的长征》，新创歌剧《高山流水》，“朴墨心画艺术展”，舞剧《丝海梦寻》，舞剧《泥人的事》，京剧《杨靖宇》等。

（4）关注当代艺术家。特别设立“艺谈录”栏目，关注多位卓有成就的艺术家，著名剧作家郑怀兴，著名演员、作家黄宗英，著名编剧郭启宏，剧作家孙德民，舞蹈家李承祥，作家丁玲，二胡演奏家闵慧芬，画家许江等，进行专题研究评论，或邀请他们进行创作历程的回顾和经验总结，这对于其他的研究者和创作者具有较高价值。

（5）关注中国优秀传统文化。从去年起设置了“中国戏曲系列”栏目，关注地方戏曲现状，如苏州滑稽戏、苏剧、苏州评弹、锡剧、昆剧、晋剧、雷剧、越剧，推出郭汉城《提高认识、推动戏曲前进的时代步伐》、路应昆《戏曲音乐的“程式”再思考》等理论文章，深入挖掘戏曲艺术内涵。针对戏曲剧目改编的现象推出“戏曲剧目的创新与改编”栏目，邀请专家学者各抒己见，共同探讨。设立“传承”栏目，关注地方戏曲的发展性保护研究、非遗传统音乐的现状、我国传统建筑的城镇化保护工作、中国民族民间舞蹈的传承与发展等。围绕“第五届汉字艺术节”活动推出相关栏目，邀请专家探讨汉字艺术的当代传承问题。

（6）进一步提升作者队伍。在稳固已有作者队伍的同时，继续加强约稿作者的权威性与广泛性，力邀各文化艺术领域的知名专家学者撰文，如郭汉城、郭启宏、龚和德、白烨、冯其庸、陈旭光、王评章、肖云儒、周传家、吕品田、王一川、王蒙、仲呈祥、田青、孟冰、李道新、周星、任鸣、田本相、梁茂春、蒋一民等知名学者，加强《艺术评论》权威度和影响力。

（二）努力推广杂志，提高杂志影响力

（1）创办微平台。在传统纸媒发行基础上，我刊积极借助网络新兴营销模式，寻求扩展发行渠道。我刊从上半年开始筹备《艺术评论》杂志微平台的运营，积极与相关网络公司合作，目前平台已初步建立，正处于内容建设阶段。建设好的微平台将起到宣传期刊的辅助推广效果，以期热心读者、各大高校相关学科的研究人员、艺术机构或演出院团能够更加及时准确地了解杂志的发展动向，扩大刊物影响力。

（2）提高纸质刊物发行量。在纸质媒体需求大幅下滑的形势下，我刊积极与邮局、北京各大书店、图书馆、机关单位联系，发行量比往年提高10%。

（3）逐渐提升在艺术界和学术界的影响力。各地艺术机构如艺术院团、美术馆等对我刊关注度在逐步增强，一些著名院团成为我们的艺术支持单位。在高校及研究机构中我们的影响力也在显著提升，如在许多著名艺术院校及大学的艺术

学院，以及一些省份，我刊的排名都名列前茅，受到很高的认可。

（四）加强与数字网站的合作。与中国知网、龙源期刊网、万方数据、教育阅读网、看看网等几家学术网站建立长期合作关系，在扩大杂志受众面的同时，寻求经济创收途径的多元化。

（三）努力经营杂志创收，维持杂志社顺利运转

随着新版印行，在较好地提升了刊物质量的同时，由于纸张印制成本、稿酬支付提高，并且严格把关对外合作的质量，同时由于刊物目前无法获得广告经营权，且没有强大的经营力量，刊物面临着较往年更为严峻的资金压力。在这种情况下，杂志社领导带领全体编辑努力寻求资金支持，以保证杂志全年正常运转。

（1）建立理事单位合作。积极与天津大剧院、国家京剧院、中国国家话剧院、中央歌剧院、中央芭蕾舞团、中国儿童艺术剧院、中国评剧院、上海昆剧团、上海京剧院、上海越剧院、浙江小百花越剧团、重庆市川剧院、上海沪剧院、山西晋剧院、河南豫剧院、陕西省戏曲研究院、浙江婺剧艺术研究院（浙江婺剧团）、陕西美术事业发展基金会等国家级和地方知名院团合作，建立理事单位合作制，互惠互利，促进发展。

（2）积极开展与展演、展览、各院校学术活动的合作。今年与若干艺术院团如山西晋剧院、上党梆子剧团、苏州文广新局、中国文联等进行合作，开设有关专题。并且积极寻求与美术创作部门合作，共同参与展览画册的策划出版，圆满完成《丹青高密——当代优秀书画家作品集》编辑出版工作，得到主办方一致好评。此外，还与一些高校如北京师范大学、北京联合大学等高校进行学术交流与合作，取得双赢的效果。

《传记文学》

社长 / 副主编：赵春强

副主编：郝庆军

2014年是《传记文学》杂志社发展的重要年份，各项工作都上了台阶。迄今为止，全年共出版《传记文学》11期，刊载文章二百余篇，共计150万字；其中被《新华文摘》、《读者》、《作家文摘》等重要杂志转载51篇（次），转载率达40%以上；刊载的所有文章都被国内重要网站转载，网站转载率达100%；品牌栏目“中国思想肖像”、“专题”、“臧否天下”、“长篇连载”等栏目引起社会较大反响，被多家出版机构引进版权，意向出版系列丛书。配合院里的中心工作，对许多重要活动进行了报道；完成了院里规定的全年创收任务。具体做法如下：

一是牢牢把握正确的办刊方向，严格遵守重大选题审批制度，坚持社会效益为先。今年以来，我们还是坚持在选稿用稿上坚持“三不”原则：不做娱乐人物，不选轰动事件，不登八卦文章。我们选择传主的标准是那些经得起考验、口碑良好、没有争议和丑闻在身的人物。今年我们选择了资中筠、程千帆、吴小如、夏志清、汤一介与乐黛云夫妇、张贤亮7位有影响的人物做了6期封面，还以群体性人物如“小喇叭”节目组群体、中国改革推手、抗战英烈传做了3期“思想肖像”，还做了一期传记文学创刊三十周年纪念专题，每期都在学界和艺术界引起比较大的反响。例如第3期我们做了封面人物资中筠，杂志异乎寻常的热销。做汤一介、乐黛云夫妇的那一期，得到了文化部报刊审读小组的通报表扬。今年第10期做的“七位抗战人物”专题，对李宗仁、罗荣桓等国共两党抗战英雄的生平事迹以人物特稿的形式集中刊出，受到读者的称许。这些例子告诉我们，坚持高端纯正的期刊定位，坚持正确的舆论方向，不迎合低级趣味，不贪图一时小利，不追逐时尚新潮，打造思想过得硬、经得起历史考验的精神产品，既有益于社会，也有益于刊物的自身发展。

二是拓宽办刊思路，用影响力带动发行量，以坚实的内容和新锐的思想扩大读者群，赢得市场。今年我们一个重要的收获在于，思想性主导的办刊思路逐渐形成，并日臻完善。调查中我们发现，一个刊物要想在数以万计的杂志之林中独树一帜，获得竞争力，必须有自己的特色和优势，而《传记文学》作为一份人物月刊，其特色与优势应定位于思想性，即是说，这份人物杂志要提供给读者一种与时代共鸣、与社会同步、与人民群众的冷暖相契相合的思想精品，让读者读这份杂志时，能对当代精神和时代风貌有更深的认识与了解，让读者从刊物中获得一种价值认同和精神慰藉。基于这种认识，今年以来，我们对一些栏目进行了调整，对一些过分怀旧而无甚大意义的文章进行了适当删减，而对反映时代新风和精神追求的作品给予较大版面。我们陆续增加了“家族史”、“臧否天下”、“长篇连载”

等新栏目，尤其是“臧否天下”栏目的设置颇吸引读者，引起了读书界和知识界的较大关注。最近，一些出版机构分别与我们杂志社协商，意欲引进“臧否天下”的文字版权，出版系列丛书。

通过这些专题和“大块文章”以集束炸弹似的密度对某个重点人物或一个思想流派进行剖析与梳理，使得我们《传记文学》杂志充分介入了当代中国精神的某些核心部位和思想前沿，不仅扩大了我刊的影响，创造了一个个品牌，而且拓展了销路，增加了发行量，赢得了更多读者和市场。

三是创新工作思路，新机制带来新活力，新思路带来新效益。随着新一轮期刊出版行业换代升级与产业转型的完成，现代期刊运营方式必将冲击与淘汰一批管理陈旧、思想落后的期刊；而文化体制改革的不断深入，对保守封闭的办刊理念势必是一种巨大的冲击与强制性转换，那些陈陈相因的旧思路和老做法，及其与之相呼应的旧管理体制和人事架构迟早会汰洗出局。期刊行业新一轮的除旧布新格局业已拉开帷幕，谁都无法阻拦新事物蓬蓬勃勃的生长活力。基于以上认识，《传记文学》自觉地对杂志管理方式进行有意识的调整和尝试。当然，有些做法还处在探索和萌芽阶段，有些想法还在讨论酝酿，但是我们觉得面对大势，不能无动于衷，不能被动应付，而是应该主动适应，提前谋划，这样才能赢得主动，赢得主动则会给杂志带来新活力和新效益。

1）“编校一体化”编辑流程的实践大大提高了工作效率。目前，我刊只有一位正式文字编辑，一位美术编辑，人员结构十分不合理，倒逼我们改变编辑方式，采用较为科学高效的“编校一体化”编辑方式。以编校分离为特征的传统编辑方式是适应计划经济体制和铅印排版印刷工艺机制的一套合理的编辑流程，是慢节奏与多层审批体制下的产物，当时发挥了很大作用；今天电脑激光照排与互联网时代要求期刊出版快节奏、立体化，再采用老办法就显得十分落伍。“编校一体化”是现代出版行业的基本要求，它要求编辑既要编稿，又要校稿，节省了时间和劳力，适应新的出版要求。我们在原来“三校三审”的基础上，采纳这种工作模式后，虽然我们的人手较少，但开足马力，还是能够保证编印，如期出刊，并做到质量有所提高。

2）“采编合一”工作方式发掘了每位编辑人员的潜力，为适应日益加快的期刊出版新需求打下基础。所谓“采编合一”，就是要求编辑是多面手，既要会编，又要会写，既要能跑出去采访，又能坐下来编稿。我们认为，只有编辑参与写稿，才能知道作者的甘苦，设身处地地为作者着想，而不是随便大笔一挥，刀砍斧劈；

编辑写文章，更能把握创作规律，摸清创作前沿的真实情况，有利于编出高质量的稿件。自去年起，我们打破“闭门办刊”的习惯，要求编辑走出去，采编一体，提高写作水平，增强工作能力。坚持编辑采访、约稿和编辑一体化，这样，我们的编辑能写能编，能文能武，适应现代期刊编辑的要求，为将来期刊改革在人员准备和人才储备方面打下基础。

3）“借鸡下蛋”采编模式，开门办刊，增加了发展后劲。为了更好地组织优质稿源，我们把目光放在社外，寻找优秀青年作者，借助他们的力量，发挥他们的聪明才智，请他们为刊物组稿、写稿。青年博士赵柔柔北大毕业前夕来我刊实习，为我们组织了许多好稿子，同时，以她为中心，一批青年学者陆续聚拢在我刊名下，现在我院的李松睿、李雷、刘涛、张慧瑜、陈斐、张立敏等博士加盟我刊的“特约撰述”，定期开会交流，组织稿件，研讨重要问题。目前，这支队伍已经稳定下来，下一步再完善一下工作机制和内部分工，即成为一支很好的队伍。

《红楼梦学刊》

社长、主编：张庆善

副主编：孙玉明

《红楼梦学刊》是我院主办的国家级中文类重点学术期刊，创刊于 1979 年，现为双月刊。它以《红楼梦》为对象，包括对《红楼梦》的作者、版本、文本等的研究，也包括对《红楼梦》艺术风格、红学方法论的研究。

2014 年，《红楼梦学刊》出刊 6 期，每期 28 万字。《学刊》秉承严谨的学术作风、高质量的学术追求、不断进取的创新精神，全年共发表论文 118 篇，其中：综合研究 8 篇；作者生平、家世研究 6 篇；版本与成书研究 9 篇；脂批与评点研究 3 篇；红学史研究 16 篇；理论研究 12 篇；人物研究 4 篇；续书研究 1 篇；戏曲影视改编研究 12 篇；学术综述 5 篇；语言与翻译研究 11 篇；文化及相关研究 14 篇；新人新作及研究生论坛 8 篇；红注集锦 9 篇。另有书窗 9 篇，会议、学术动态及其他 24 篇。

首先，在国内红学研究领域，《学刊》有着重要的地位，故而《学刊》刊发的文章在学术领域内更容易引起关注。2014 年，学刊刊发的冯其庸先生的《三论庚辰本》，曹明先生的《中国书店程甲本考辨》，杜春耕先生的《萃文书屋程甲程乙再考》等文章，在《红楼梦》版本研究中引起很大的反响，众多学者参与讨论，使《红楼梦》版本研究得以更加地深入。这也是 2014 年度学刊刊发的最有影响的一组文章。

其次，随着中外文化交流的进一步发展，作为中国文学的代表作，《红楼梦》的翻译研究，也成为红学中的一个重点。2014 年，语言与翻译研究版块，也是学刊的一大亮点。

另外，随着时代的发展，科技的进步，红学研究在不同时期也呈现出不同的特点。网络时代的《红楼梦》传播，就成了学刊关注的重点。许苗苗先生的《林妹妹的朋友圈——〈红楼梦〉的网络传播与媒介转型》，王鑫先生的《浅析新媒介语境下〈红楼梦〉的传播与阅读》等一组文章，也引起了读者的关注。

红楼梦研究所承接的课题《2013 年〈红楼梦〉研究考察报告》的部分研究成果，也以综述的形式刊发，为广大读者有重点的阅读提供了参考。

2014 年是李希凡先生从事学术研究 60 周年，又恰逢《李希凡文集》七卷本出版，《学刊》在第 4 期中专门组织了一组稿件，对此进行了深入的宣传与报道。

2014 年 3 月 10 日，《红楼梦学刊》微信订阅号正式开通，以即时性、新闻性、趣味性为主要宗旨，面向红学爱好者，传播红学研究成果，报道红学动态，与红迷进行互动，至今已取得显著的成效。目前《学刊》订阅号关注人数已超万人，总体阅读量已有五十余万次，在红学爱好者群体中已有着较强的影响力。

严谨的办刊模式，开放的办刊态度，使得《学刊》保持了良好的社会声誉。2014 年《红楼梦学刊》再次获得社科基金资助。

《美术观察》

主　编：李　一

副主编：赵权利

2014 年度,《美术观察》杂志社在院领导的关心和大力支持下，在杂志社全体人员的共同努力下，顺利完成了全年编刊任务，学术推广、网络发展、发行和广告业务也取得了可喜的成绩。《美术观察》杂志社认真学习贯彻党的有关方针，认真学习习近平总书记在文化艺术座谈会中的报告精神，认真贯彻执行中宣部、文化部等相关部门的有关政策，并积极配合中国艺术研究院的学术建设和重要学术活动，认真抓选题、抓编辑质量，严格按照三审制审稿，每期按时出版。由于选题及时，对美术界重大问题讨论深入，多次受到文化部办公厅的表扬，被评为中文社会科学引文索引 CSSCI 来源期刊。在美术界乃至社科领域的影响越来越大，社会声誉日益增强。

具体情况如下：

（一）编辑工作情况

本刊编辑工作是核心。总的情况是：按时编辑出版刊物 12 期，每期均有对当前美术界热点问题讨论、最新美术现象的观察分析与评论、美术批评、美术新闻报道、时代人物介绍、本期名家刊介和其他艺术家创作成果刊介、创作问题讨论、美术学研究论文发表、学人档案建立，以及外国美术研究和介绍等。全年编发各类文章共 596 篇，总字数近 187.7 万字，刊发各类图片 2158 幅，其中大多数为最新发表的美术作品。部分文章和作品被有关报刊转载。与去年相比，信息量呈基本持平的状态。

“热点述评”一直是展示本刊学术亮点的重要内容。作为本刊品牌栏目的热点述评，今年的每期用稿量从 6 篇到 14 篇不等，全年共 97 篇；每期字数从 2.30 万字到 3.73 万字不等，全年共计 33.13 万字；每期图片量从 9 幅到 30 幅不等，全年共计 237 幅。2014 年度，主要针对 12 个学术热点问题展开讨论，分别是：如何塑造“中国形象”、摄影的人文关怀、策展人的价值、材料何以艺术、美术馆时代的文化福利与公民权利、中国美术研究的自身建设与海外风潮、中国美术研究的自身建设与海外风潮、国画生态与国画发展、摆脱浮夸：当代建筑的诉求是什么、失去乡土情境的民间美术、观察第十二届全国美术作品展、构建当代书法评价体系等。这些问题既关注国内学术走向大的动态以及重要美术门类演变过程中的问题,也有对于“大美术”未来发展的思考和探讨,多具有学术深度和广度。采用笔谈、访谈、丛谈、链接等多种形式，又取得了很强的可读性、可思性效果。通过对这些问题的敏锐观察和充分讨论，进一步促进了学术思考，深化和拓展了学术研究的视域，不仅强化了本刊的学术形象，而且对当前学术研究的风气起到了良好的引导和促进作用。今年热点选题的内容基本延续去年的趋势，如突出选题覆盖面和反思性，对以往关注过的某些选题点有所深挖，同样地，在选题的内容和表述上，鲜明性、尖锐性不够，热点不热是一个问题。具体到工作流程上也有提供紧凑性的必要。

除“热点述评”栏目之外，“现象”、“批评”、“美术史论”、“国际视野”等栏目分别发表了各类学术文章三百余篇，内容涉及美术领域的方方面面，作者涵括老中青不同年龄阶段，较为充分地展现了美术界学术研究的基本成就和面貌。今年的“现象”栏目着重对设计、艺术家村、理论和实践的跨界、实验艺术的体制、艺术创作中的材料、篆刻、传统艺术的资源化、书法等领域的有关现象进行观察。批评栏目能看到一些观点鲜明的文章，力度可以再加强。新闻栏目又有流于一般化的倾向，缺乏有深度的新闻述评，对个人美术活动（主要是个展）的关注呈增长态势。“美术家”“时代人物”栏目继续介绍了12位著名美术家，分别是沈尹默、宋忠元、田世信、孙家钵、姜宝林、靳埭强、欧阳中石、孙其峰、晁楣、黄铁山、黑伯龙、潘鹤等，刊发了相关图片共计一百三十余幅。此外，推出了12位“本期名家”，介绍了多个艺术院校教师的艺术作品，以及发表了百余位艺术家的最新创作。“学人档案”继续介绍有成就的美术理论家，总结其学术研究的思想和成果，本年度介绍的学者12位，分别是胡蛮、于风、朱龙华、徐庆平、任道斌、杨学芹、朱丹、常又明、容庚、萧平、宋伯胤等。“美术家”栏目基本保持稳定状态，没有特别明显的变化，要警惕刊登作品的面貌和出现的水平平庸化趋势。“美术学”在工作流程上仍然保持了比较优秀的品质。对美术史论研究的关注面仍然值得拓展，论文的学术深度也有可以挖掘的空间。“国际视野”栏目的工作，以及在稿件的质和量方面，一直都比较稳定。工作流程的时间性、紧凑性、流畅性等方面都值得进一步提高。

（二）网络发展工作情况

2014年度，本刊网络发展工作在网络部的具体负责下取得了可喜成绩。主要完成了以下工作：

2014年上半年，发现有社会网站盗用《美术观察》名义办《美术观察》官网，并进行了网络推广，在百度排名上处于搜索排名第一的位置，网络部请律师查明该网站的法人代表情况，电话对其予以警告，令对方很快关闭了该网站，避免对杂志造成更大的名誉和经济损失。此后杂志社决定重提建设杂志官网的计划。网络部首先注册了美术观察网的互联网顶级域名，并向院网站申请了网址，联系了电信通公司安排网站正式备案的问题，为网站开通做了基本的准备工作。网络部组织了杂志社就网站内容及经营建设提建议，并在此基础上做出了美术观察网第一期建设的基本内容规划。并给两家网络公司以报价，开始进入具体建设的过程当中。此外，网络部配合院网站继续完善了杂志主页的更新。

（三）广告发行及社务工作情况

2014 年，广告发行工作稳步发展，一年来，广告和发行工作在原有格局中稳步发展，取得了一定进展。积极为刊物出版争取资金来源，本刊遵照国家有关规章制度，按照本刊广告许可规定，进一步完善了本刊的广告发行制度。全年所经营广告全部符合国家有关法规规定，在广告品质和设计质量上有了进一步提高。发行工作方面，为加强刊物的发行和宣传工作，今年我社与四川弘航集团签订友好合作协议，向社会各界知名人士赠送全年《美术观察》1000 套。本刊采用在其他媒体发布广告、印发征订单、开展零售，以及其他广泛宣传方式，力争拓展刊物的发行渠道，增加发行量。但是，由于受到各方面条件的限制，作为纯粹的学术刊物，本刊在刊物发行量方面尚未见明显增长，还有待今后进一步努力。

（四）学术推广工作情况如下

1. 2014 年 1 月 11 日至 14 日在深圳关山月美术馆举办了“艺舟双楫——《美术观察》同仁作品展（第四届）”，同时举办了“中国当代美术评价体系学术研讨会”。

2. 2015 年，经杂志社统一研究，计划在新的一年里进一步注重抓好杂志的学术质量，继续发挥《美术观察》的学术影响力，办好社内与社外学术活动。1 月份在广东省中山美术馆举办“艺舟双楫——《美术观察》同仁作品展（第五届）”，举办“中国当代美术评价体系学术研讨会”。8 月份与西南大学联合举办重大社会主题学术论坛，邀请全国美术理论工作者、教师、学者、艺术家等参加，就当前重要学术主题展开深入讨论。

《文艺理论与批评》

主　编：陈飞龙

副主编：李云雷

2014年，《文艺理论与批评》作为国家文艺理论类重要核心期刊，继续秉承一贯的宗旨，坚定不移地以马克思主义文艺观为指导，倡导以跨学科的、综合的文艺学和社会科学的理论框架来观察、分析和评论当代中国以及世界的文艺现象和思潮，为中国化的马克思主义文艺理论建设做积极贡献。本刊所刊发国内外马克思主义文艺理论、文学批评及艺术学研究等方面的优秀文章，在学术界享有良好的声誉，论文转载率一直全国同类学术理论刊物的前茅。

2014年，编辑部积极关注当下文艺界的前沿，有针对性地策划了一些有特色的专题，刊发了一批有较高思想价值和现实意义的重要文章。其中，重点策划了"纪念《讲话》72周年"专题、"第二届中华艺文奖"专题、"贺敬之诗歌研究"专题、"王元骧专题研究"、"文艺大家"专题、"马克思主义文艺理论论坛"专题。"纪念《讲话》72周年"专题包括张利群《论延安文艺制度建设的价值意义——毛泽东〈讲话〉精神的文艺制度思想阐发》、金戈《延安文艺的自信心和力量之源——纪念毛泽东〈在延安文艺座谈会上的讲话〉72周年》、鲁太光《大历史视野中的"延安文艺"——"延安文艺"的当代价值之再解读》、卢燕娟《以"人民性"重建"民族性"——延安文艺中的"民族形式"问题》、姜洪真《延安文艺是对左翼文艺大众化的历史性超越和革命性突破》5篇文章；"第二届中华艺文奖"专题包括刘延东《为实现中国梦创作更多精品力作——在与第二届中华艺文奖获奖者座谈时的讲话》、《第二届中华艺文奖评选结果公告》、《"第二届中华艺文奖"获奖者评语》、肖庆《第二届中华艺文奖颁奖典礼隆重举行》、《贺敬之同志捐赠所获中华艺文奖奖金》5篇文章；"贺敬之诗歌研究"专题包括张器友《新古体诗——贺敬之创作道路上的又一座丰碑》、祝东力《站在尖顶教堂门前——理解贺敬之》、卢燕娟《再谈政治与诗歌——以贺敬之的政治抒情诗为对象》、周锋《论贺敬之政治抒情诗的"类"的自我表现》4篇文章；"王元骧专题研究"包括陈飞龙、王元骧《求实严谨的科学态度 求真创新的学术精神——王元骧教授访谈》、汪正龙《王元骧与新时期马克思主义文论创新》、孙伟科《王元骧教授文学理论观的历史逻辑》、温玉林《论王元骧对“后实践论美学”的批评》、刘涛《求真务实慎思笃行——谈文艺理论家王元骧的治学风格》5篇文章；“文艺大家”专题包括《刘烽口述》、冼妮娜《忆李琦教授为我父亲冼星海画肖像二三事》2篇文章。“马克思主义文艺理论论坛”是配合我院马文所定期举办的“马克思主义文艺理论论坛”开设的栏目，2014年起，马文所开始举办“马克思主义文艺理论论坛”，聚集了院内外马克思主义文艺理论研究界老、中、青三代学者一起探讨马克思主义文艺理论的基本架构、重要命题和范畴及相关理论问题，在学界产生了一定的影响。本刊有选择性地刊发论坛讨论的内容，展现了学界对马克思主义文艺理论基础理论和前沿问题的思考成果，其中较为重要的文章有董学文《马克思主义文论研究取得成绩不容忽视》、陈飞龙《从体系化研究走向专题史研究》、金永兵《发现马克思主义文论的当代命题》、祝东力《谈马克思主义文艺理论的两个组成部分》、张永清《理论基石与问题框架》，等等。本年度，杂志还策划了一些作家、理论家的个案研究，如“梁斌百年诞辰纪念”、“林默涵研究”、“阮章竞研究”、“贾大山研究”等，这些专题对中国现当代一些著名作家的创作历程进行了系统而深入的总结与评价，具有一定的理论价值与现实意义。

2014年，“青年文艺论坛”栏目仍然是杂志的一大亮点。“青年文艺论坛”是《文艺理论与批评》杂志配合我院马文所当代文艺批评中心开设的重要栏目。自2011年6月当代文艺批评中心成立以来，每月一次的“青年文艺论坛”因其对当下文艺现象即时关注和深度剖析而在院内外产生了较大的影响。本刊“第一届全国青年文艺论坛”专题刊发了王能宪《“第一届全国青年文艺论坛”致辞》、吕品田《要高度重视艺术批评“说什么”的问题》、贾磊磊《建构中国艺术批评的价值体系》、沈卫星《在转型年代抒写好中国故事》、白烨《文学批评代际更迭的标志》、陈飞龙《对青年文艺论坛的三个建议》、刘复生《新一代批评家要创造一种新文化》、崔柯《第一届全国青年文艺论坛综述》8篇文章；“第二届全国青年文艺论坛”专题刊发了王文章《在第二届全国青年文艺论坛上的致辞》、李准《抓住热点，集中讨论，推动发展》、吕品田《要高度重视文艺批评的立场问题》、贾磊磊《对艺术批评的重新定位》、陆建德《文学批评应该为共同体意识的培养出一份力量》、白烨《文学批评遇到的难点和面临的挑战》、陈飞龙《要建立讲求科学、立足中国、坚持社会主义导向的文艺批评》、邵燕君《新媒体时代的文学批评》、石滴《第二届全国青年文艺论坛综述》9篇文章；此外，较为重要的讨论还有卢燕娟等《左翼文艺研究：热点与前沿》、孙佳山等《"中国梦"与当代文艺前沿问题》、崔柯等《春晚：新民俗与文化共同体》、李云雷等《20世纪历史与我们时代的文化》，等等。

此外，本刊常设的一些栏目，如"马克思主义文艺理论"、"国外文艺思潮"、"当代文学研究"、"现代文学研究"、"当代文艺思潮"、"底层文学"、"左翼文学"、"当代文艺批评前沿"、"理论探讨"、"作家作品"、"影视评论"、"非物质文化遗产"等，一如既往地关注当下文艺研究与理论研究的最新成果，陆续刊发了一些重要的文章，对当前文艺界、文化界与学术界的热点与前沿问题进行了深入的探讨。其中，"马克思主义文艺理论"刊发了马克思主义文艺理论研究所课题组的《2013年度中国马克思主义文艺理论发展研究报告》，对2013年度中国马克思主义文艺理论研究的整体状况和研究得失进行了全面而深入的分析；"当代文学研究"刊发了张柠等《2013年文学基本状况对谈会》、师力斌《从文学看当下中国的社会心理和精神状况——2013年中篇小说综述》、鲁太光《绝望或反抗绝望——2013年长篇小说创作观察》，这几篇文章对2013年中国小说创作的各种文体进行了全面的概观和深入的分析；"当代文艺思潮"刊发了旷新年《"社会主义现实主义"在中国》，对"社会主义现实主义"这一理论命题在20世纪中国的发生、发展脉络以及其中相关的理论论争进行了深入的阐释；"左翼文学研究"刊发了徐志伟《"十七年"时期民间戏曲演出习俗的重构》、王启伟《左翼文学在香港的"文化旅行"》、钱理群《丁毅对现代民族歌剧的历史贡献》等文章，展现了左翼文学研究的一些最新成果；"当代文艺批评前沿"刊发了孙萍萍《"局外人"的精神救赎——关于张楚的小说》、卜卫《"裂隙"与链接——〈世界工厂〉、社会剧场与政治》，对当下文艺界的新作进行了及时的跟踪研究；"作家作品"栏目刊发了李正忠《古体新韵意更深——在贺敬之同志新古体诗创作暨〈心船歌集〉出版座谈会上的讲话》以及《"与史同在"的柯岩——在〈柯岩画传：美丽的遗产〉首发式暨柯岩逝世两周年追思会上的发言》、李云雷《贺敬之：大写的"人"，写向万里长空——观文献艺术片〈诗人贺敬之〉》、杨四平《心灵的史诗：新左翼现实主义诗歌的叙事与抒情——评唐德亮的长诗〈惊蛰雷〉》等，对当下文艺界中的新作品进行了及时的跟踪研究。

2014年，《文艺理论与批评》顺利有序地完成了编辑与出版工作，并在坚持自身风格的基础上有所创新。

《中国摄影家》

社　长：刘伟

副主编：王保国

2014年，《中国摄影家》杂志以国际化的全球视野，坚持推出本土优秀摄影家，译介国外经典摄影作品和先进摄影理念，使得杂志的学术性和国际性不断提高。2014年开辟的栏目主要有：卷首语、访谈·摄影家、每月精图、世界窗、史·论·评、专栏·入痴谈妙、专栏·策展人读照片、专栏·后现场札记、特稿、静观、记录、美丽中国、百姓·百年、遗产、新锐影像、李少白：如何拍出好照片、中国人看世界、中国人·中国梦、艺苑、公安摄影方阵、摄影技术、器材、竞技场、中国女摄影家协会专栏、网络月赛、读者园地、资讯、视野等二十几个栏目，这些栏目秉承以往栏目的精品意识和原创意识，凝聚中国艺术研究院的学术力量，在2013年的基础上继续拓展深度和广度，不断提高稿件的学术性、深刻性和普及性。2014年先后推出了姜平、于志新、罗小韵、谭明、于文国、李舸、李膺、杨越峦、王石、李英杰、简庆福、段煜婷12位在摄影艺术方面做出特殊贡献、个性鲜明的摄影家、策展人，对他们的摄影历程、摄影作品作了颇具学理的个性化探讨。并刊登了《人民的悼念》画册出版35周年座谈会、极地、城市之殇、第57届荷赛获奖作品、摄影：众筹的时代、凡人张祖道、响沙湾：6份超现实作业、一个挑战性的展览——读《事过境迁 留影长存：自1960和1970年代的世界摄影》、约翰·莫里斯作品、林迈可亲历的中国抗战（1937—1945）、索尼黑科技、我的3D摄影情缘、向相机挑战的手机们、掌中视界等涵盖影像、技术、器材等方面的专题，由于其专业性、系统性、原创性等特征，获得了业界的一致好评，并深受读者欢迎。

《中国摄影家》杂志2014年主办、承办了多项大型摄影活动、摄影比赛和摄影展览等，这些影赛和展览依托于杂志，将学术目标付诸实践、在实践中开展摄影的本体研究和与相关学科的交叉研究，力图将理论与实践，学术与经济有机地结合起来。2014年开展的摄影活动有："非物质文化遗产——人类精神活化石——第三届'包商银行杯'中国国际摄影双年展"、"第五届中国摄影家响沙湾国际摄影周"、"第二届'美丽中国 文化风采'全国摄影大展"、"第十一届'影像中国'

全国摄影艺术大展”、“张祖道先生追思会”、“大地情怀 寻梦中国——全国第七届‘群艺杯’摄影艺术展览”、“‘中国人 中国梦’摄影艺术展”、“‘中外摄影家大PK’鄱阳站”，协办“2014北京国际摄影周”等。

“中国梦”是新的历史时期对我们国家和民族一百多年来共同理想的全新阐释与形象表达。摄影以其客观、直接、感染力强的特点，理应成为抒写中国梦最直接有效的方式。2014年8月24日至9月5日在中国国家博物馆展出的“‘中国人 中国梦’摄影艺术展”，是“中国梦”摄影艺术创作的一次主题展示，是影像“中国梦”的一次探索性、阶段性总结，给广大观众带来丰富、直观、生动的现实启发，同时促进了广大摄影人的艺术交流和创作。有关领导观看展览后认为“这个展览主题好，思想性与艺术性相结合，生活气息浓厚，信息量大，是一个很好的展览”。

响沙湾国际摄影周已经举办了五届，五年来举办了摄影展览、研讨、摄影大PK等丰富活动，三十多个国家和地区的几千位摄影家先后来到响沙湾，创作了大批优秀摄影作品，多角度展示了响沙湾的地理地貌特质和民族文化气质。从去年开始，响沙湾摄影周以“现实与超现实的响沙湾”为主题，以对同一个地域景观和人物的不一样的观看和呈现为基础，以个性化和差异化为目标，邀请国内外有创作实力的摄影家到这里展开大PK，是影像实验，也是学术探索，获得了很大成功。第五届响沙湾国际摄影周于2014年7月18日至7月21日在内蒙古响沙湾举办，此次“中外摄影家大PK”以“响沙湾——超现实的艺术空间”为主题，邀请玛格南图片社摄影师埃里·里德、米沙·厄维特，日本女摄影师藤泽长子，《中国时报》摄影中心主任、台湾摄影师黄子明，新华社高级记者、中国摄影家协会副主席罗更前，职业摄影家谭明等20位中外摄影家，在响沙湾进行自由拍摄，提交个性鲜明、格调统一的作品。最终完成的作品整体水平之高，不仅超出了主办方的预料，而且还带有强烈的新锐色彩。

“‘中外摄影家大PK’鄱阳站”活动于2014年12月10日至13日在江西省鄱阳县开展，有6名国内外顶尖摄影师参加，3名外国选手为：英籍华人摄影师王身敦、瑞典自然摄影师斯塔芬·韦斯特兰德、德国摄影师弗兰克·罗斯；3名中国选手为：中国体育报业总社摄影记者魏征、《南方都市报》摄影记者陈坤荣、《中国青年报》摄影部主任赵青。2名外国摄影师王身敦和斯塔芬·韦斯特兰德都曾担任过“荷赛”评委；而3位中国选手则全部是“荷赛”获奖摄影师。这是大PK活动举办以来首次上演“荷赛版”对决，是“荷赛”评委与“荷赛”获奖摄影师之间的直接对话，是摄影界的一场“巅峰对决”。《中国摄影家》杂志社的大

PK 是不同文化的深度交流和碰撞，摄影师们求同存异，不断努力推动摄影文化向前发展。

《中国音乐学》

主　编：田　青

副主编：齐　琨　李宏峰

本年度，《中国音乐学》杂志社在既有的发展规划上进行了大幅度整改，明确提出“打造国际知名的中国音乐学术第一刊”的目标，并按照这种思路设定三个方面任务：

1. 拓展学术版面，创建新的品牌栏目，寻找新的学刊影响力增长点和突破口。

2. 加强海内外学术交流，强化学刊第一的学术地位，拓展海外影响力。

3. 加强我刊一贯作为学术前沿的风向标的作用，利用音乐研究所的学术实力，形成学术引导。

虽然我刊有着较好的基础，但是上述三项任务对我们而言，仍然需要稳扎稳打，步步为营，实实在在地从一件件具体工作开始。

本年度，《中国音乐学》主要完成以下工作：

1. 保质保量按期完成全年 4 期出版任务。严格执行三审制度，拓展多专家“背靠背”审稿的程序，营造更加公平、公正的投稿、审稿环境。其中，传统栏目“中国音乐史”、“民族音乐学”等都形成事实上的局部学术热点话题专栏；在研究领域上刊载了歌唱声学、音乐科技等新兴学科成果。作者群体，也力求打造老中青三代学者的梯队性队伍，一方面重点推出学界名家专家重要成果，另一方面推介提携年轻有为的青年学者成果，以保证学刊高质量论文的可持续良性运转。此外，今年加大对香港、台湾和国外学者的征稿，希望以此为突破点，不仅拓展读者群，还要增加和丰富作者群，达到真正的国际影响力。

2. 创建“学术新话题”专栏，以年度或季度推出不同的灵活性专栏。《中国音乐学》一直是以常设专栏为主导，我们希望今后在保持常设专栏的前提下，加强学术引导性，以年度、季度新话题为切入点，逐渐形成以“集中学界精英、探讨学术焦点、引领学科方向”的持续性话题栏目。本年度组织了“音乐研究所纪念专栏”，以此为切入点，强调约稿者的“亲历口述史”，为学界留下了重要的学术史口述材料。4期共发表15篇文章，全部由音乐研究所各个时期的亲历者所写，几乎都是七八十岁，乃至九十岁（周柱铨）的著名前辈学者。很多学术重要事件的始末与很多信息都是首次公开，例如，从未公开发表的“80年代梁茂春对杨荫浏、曹安和两位先生的采访实录”，鲜为人知但是在当时对中外交流起到推动作用的“几内亚乐器改良工作”，“《中国音乐词典》《中国近现代音乐史》编撰始末”，等等，具有重要的学术价值。

3. 打造“图说中国音乐学术史”的彩版品牌专栏。将原来忽略的，排版比较混乱的封页、彩色插页，重新进行了规划设计，使之系统化和有序化地持续刊载系列信息，以此开拓出一个“图说中国音乐学术史”的“彩页专栏”学术品牌。具体的设置是：

（1）音乐研究所学者介绍（封二、插一）—— 每期两位，目的是为了向学界系统介绍研究所的学者及其学术成就，同步记录音乐研究所的学术发展，延续学术传统，增强学术影响力，同时也为学界留下重要的学术史信息。今年刊登了音乐研究所在世的90岁以上的老学者8位，现在世退休学者60岁以上有四十余位。将来我们会陆续将“音乐研究所曾经工作过的学者”都进行系统介绍。这样本身就形成了一个庞大的“新中国音乐学术专家集体存照”，这对于学术研究将会是一个非常有价值的学术资料。

（2）重要学术事件与会议信息（插二、封三）—— 介绍整个学术界的重要学术机构、学术事件、学术会议的信息。其中学术机构和事件将按照历史顺序逐一介绍。学术会议信息将进行实时报道，实时反映当下学术信息和动态。

今年系统刊登了“音乐研究所六十年巡礼”，刊载了不同时期的重要学术事件与信息的图片近40幅，其中很多是在学界首次公开的。

（3）新作推介（封底）——有选择性地介绍学术界新近出版的重要学术著作，目的在于推介新成果，打造“经典推介”平台的品牌。当下著作出版市场比较混乱，学术成果鱼龙混杂，良莠不齐。我们希望用封底这个小的平台，择选出我们认为最重要的、具有代表性的、创新性的学术成果，推介给读者，日积月累形成一个系列成果的展示。让著者以著作登载“《中国音乐学》”为荣，使学界以此为标准，从而促进学术研究成果“唯优而出版”的良性风气的形成。

4. 参与了多项学术活动。配合音乐研究所主办了“《杨荫浏纪念文集》首发式暨学术研讨会”、“创建礼乐文明新体系学术研讨会”、“智化寺传统音乐节”等学术活动；参与“纪念李凌一百周年诞辰系列活动”、“中国传统音乐美学暨蔡仲德辞世十年祭学术研讨会”、“图瓦 ALASH 乐队音乐会暨学术交流活动”、“《音乐口述史》研讨会”等多项活动。

5. 获得多项殊荣。本年度，《中国音乐学》在南大核心、北大核心、中国社会科学院、人大复印资料、浙大核心等各个学术期刊评价机构中，继续稳居艺术学科前列，在各个评定机构的音乐类期刊排名中均位列前三甲。尤其是在今年的南大 CSSCI 核心更加严苛的评定中，只有 4 个音乐学术期刊被保留，我刊仍位列其中。

《中国文化画报》

主　编：姜玉芳

《中华文化画报》是由中国艺术研究院主办的一本图文并茂解读中华传统文化艺术、展示当代文化建设的国家级核心期刊，由中华人民共和国文化部主管。每月一期，每期 128 页，16 开彩页，面向国内外发行。

2014 年，杂志新任主编带动画报进行改版，在杂志原有的文化风格基础上，紧紧围绕中国艺术研究院的建设发展和艺术研究、艺术创作、艺术教育等中心工作，确立了贴近时代、贴近生活、为文化艺术事业建设发展的现实服务、为中国艺术研究院中心工作服务的办刊思路，通过认真细致的采写、约稿和编辑工作，使杂志呈现出一种全新的活力，在理念、选题和内容上做到了较好融合，也生动地展现了中国艺术研究院的风貌。

在关注和报道社会文化热点、重大文艺事件和知名文化人物的同时，《中华文化画报》从刊物自身特性及读者需求出发，广泛涉猎我国文化艺术事业的众多领域，密切关注社会文化热点、重大文艺事件、知名文化人物、中外文化交流、舞台艺术风貌、文化遗产保护、文化惠民服务、公共文化建设、海外中华文化等。

2014 年，《中国文化画报》及时报道了 2014 年中国艺术研究院的科研动态与艺术实践活动，如“第二届中华艺文奖的评选和颁奖”、“文艺创造塑造中国梦座谈会”、中国艺术研究院深圳创作基地、“亚太非遗中心管委会会议和国际培训班”、“中国画院院展及深入生活主题实践活动”、“油画院院展”、“第三届中华非物质文化遗产传承人薪传奖颁奖”、“中欧文化对话”、“青岛和潍坊书画展示”、“当代中国工艺美术展”、“音乐艺术研究所创建六十周年”、“‘中国人’‘中国梦’摄影艺术展”、“青年文艺论坛”以及“大师面对面”讲座等。画报还通过对王蒙、资华筠、田黎明、李一、刘万鸣、黑明、李胜洪、骆芃芃、田青、徐小东、刘静、欧建平、查振科、肖文飞、许俊等中国艺术研究院专家学者生动而丰富的报道，向社会生动展示了中国艺术研究院的人才风采。

除了展示中国艺术研究院的风采外，《中国文化画报》还采访报道了这一年来的众多社会文化活动和热点，涉及音乐、舞蹈、绘画、戏剧、诗歌等多个领域，如“纪念中法建交五十周年”文化活动、“中央芭蕾舞团赴台湾演出”、“中国诗歌节”活动、“北京国际音乐节”活动、中国爱乐乐团受邀参加世界著名音乐节、中国合唱团队参加世界合唱节比赛、“中国弓弦艺术节”、“威尼斯双年展”、“永远的思想者——罗丹雕塑回顾展”、“玛雅文化北京展”、“‘丝绸之路’大型文物展览”、“齐物等观——2014年国际新媒体艺术三年展”、“踪迹大化——傅抱石艺术回顾展”、“大道传薪·金石为开——吴昌硕与20世纪写意花鸟画名家展”、“不尽丹心——蒋兆和诞辰110周年纪念特展”、“工·在当代——第九届中国工笔画大展”、“古籍普查重要发现暨第四批国家珍贵古籍特展”、“第十三届中国戏剧节”、“第五届全国少数民族曲艺展演”、第九届中国舞蹈“荷花奖”现当代舞评奖等。

《中国文化画报》策划组编了一系列展现知名学者、艺术家、诗人和作家风采的文章，对韩美林、章红艳、李凤荣、朱一兵、吴山明、余隆、冯英、吉狄马加、贾作光、吴为山、吴小如、杨绛、司徒兆光、李学勤、姚奠中、赵汝蘅、沈铁梅、任鸣、孙皓晖、王仁湘、朱启新、任鸣等名家进行了广泛报道，同时关注到老一辈文化艺术大家（如红线女、汤一介、资华筠、王昆）的逝世，在第一时间约稿和采写纪念文章。

《中国文化画报》还密切关注当前非物质文化遗产保护工作，介绍了藏戏、西安鼓乐、南音、正字戏、打城戏、蔚县剪纸等非物质文化遗产，采写报道了获“第三届中华非物质文化遗产传承人薪传奖”的王秀兰、葛凤麟等传承人。

回顾2014年，《中华文化画报》不再以传统文化内容的钩沉研究为重点，而是将目光更多地投向了当下，关注中国艺术研究院和社会上的重大文化活动，力求贴近读者、贴近学术和文化艺术热点，及时反映文化动态，展示当代文化发展成就，使杂志呈现出新的风貌，得到了广大读者和中国艺术研究院同仁的热情鼓励和广泛好评。

《中国文化》

主　编：刘梦溪

《中国文化》2014 年出版 2 期，共计 68 万字。春季号（第 39 期）5 月出版，计 34 万字；秋季号（第 40 期）10 月出版，计 34 万字。

春季号共刊发论文 28 篇，其中的好文章令人赞叹，名家之作如过江之鲫。范曾先生的《中国画法研究》，多年累积，三四万言，一气呵成。所论虽云吾国书画之法理，实则已入于丹青艺事之道理，并究中国文化天人之际的本原。画以载道，良有以也。李泽厚先生的《从巫到礼》，根据十余年前的一次演讲整理而成，强调巫的理性内涵，主张仁礼并举，并认为周公完成了由巫到礼的过程，使之成为人间的神圣秩序。而孔子，则“归礼于仁”。他试图以此思路重构中国文化秩序发生的原初思想图式。范、李之作，其入径一为艺文，一为哲学，可以并观。

汤一介先生回忆其尊人、佛教史学大师汤用彤在 20 世纪 50 年代以后的思想世界，笔调亲切有味，材料足可补史。陈来、李零两位的文章，亦为独辟原创之作，物则各具特色。台湾大学化学系荣誉教授刘广定以“傅钟五十五响”为题，写 20 世纪 50 年代初台大校长期间的傅斯年，不容漏读。张伯伟记述其师程千帆先生的学行历程，并有可观。关于传统儒学在当代如何建构的问题，舒大刚等的文章提出了自己的设想。“现代文化现象”和“域外学踪”栏目的文字,涉题广泛，绪论新颖，值得一顾。文史大家缪钺和汤炳正两先生的书札，不无史料价值。

此外，历史学家来新夏先生病故，我们深深惋惜，特刊遗作两篇，以为追思咏怀。余秋雨的《上海人》系旧文重刊，看过的人无不称赏。

秋季号共刊发论文 36 篇。余英时先生的《论天人之际》称得上近些年人文学的绝大著述，台北联经和北京中华相继出版此书后，友朋间动容相告，亦非偶然。本期置于卷首的陈方正先生的《试论两种“超越世界”观念暨近代演变》，即是对余著的评骘之作；然又有所发挥，其将王阳明对传统儒学的分解，与路德的宗教改革所带来的超越尘世以外的价值根源的破裂加以比论，不失为与余著思想相呼应的一种胜解。

杨儒宾先生从作为“原型”的屈原身上抉择出诗的典范意义、人的典范意义和情的典范意义，并以之厘定熔“经”旨于伟辞的屈原精神；阎步克先生考论中国早期的品味体制，通过对位阶名称、样式、来源及其变迁的考察，建立对古代政治体制及其变迁的深层认识，均不失为有创获的著论。孙机、扬之水师弟同台，用诗性之笔探测名物深处的生机流荡。中国明火出现之早，历时之久，用具之美，犹如人日立春节令物事中浮荡的华胜春幡剪彩花，足可见及时光之流中永驻的物华意绪的真切。罗志田对清代义理、考据、辞章学问三分所造成的经学、史学为考据所遮蔽的现象，作了有价值的探讨。吴存存则在一貌不雅驯的话题下，揭示晚明社会普通城市女性所展现的与传统贞洁说教的疏离，以及当时社会的一种新道德观的崛起，题旨论式回思深远。

如何让当代人文教育走向秩序的和谐，邓新文的论通识教育，胡继华的盗火他山，可谓用心良苦。而同期刊载的胡的探讨荷尔德林的《面包与葡萄酒》，也是很好看的文字。刘桂先生关于孙子是否军事威慑理论的鼻祖的驳议，以及张国刚、胡文辉的文章，值得向读者推荐。邵盈午析论本刊春季号推出的范曾先生《中国画法研究》，不独知言，亦可谓知音矣。钱穆先生应杨联陞先生之请改书联，谓为“双肩担道义，只手著文章”，于今读之犹忽忽生风。而杨先生之外孙蒋力复原杨钱之交往，历历如昨。

《中国艺术年鉴》

主　编：王文章

副主编：杨　斌　孙伟科

《中国艺术年鉴》编辑部成立于 2010 年 6 月，隶属于我院科研处，是常设的年鉴编辑业务部门，也是我国唯一的全门类整体性艺术年鉴的编辑机构。主编为王文章。编辑部现有编辑 9 人，涉及各艺术门类，专业配备齐全，均具有硕士及以上学位和中级以上职称，熟悉各艺术门类的发展状况，并且在该专业领域有相当造诣。

《中国艺术年鉴》翔实记录中国艺术进程，系统整合艺术信息，呈现艺术发展年度概貌，深度反思艺术现状。《中国艺术年鉴2013年卷》以客观性、全局性、学术性、实用性为编辑原则，反映了2013年度我国各艺术门类（不含文学）、各艺术工作领域的实际情况及在科学发展观指导下所取得的成就，以全面、概括、明晰、灵活的体例框架，本着客观记录与学术评述相结合、全面反映与重点突出相协调、活动情况与反响评价相兼顾的编辑思路，侧重艺术创作，立足学术考量，以文化强国的艺术发展要求与艺术本体规律为辑选尺度，纪录和凸显那些符合艺术规律、对艺术创作健康发展具有推动作用和借鉴价值的优秀作品和工作亮点；并依托中国艺术研究院雄厚的研究实力，对年度艺术发展的诸多方面作出视角丰富、严谨深入的现状评价和趋势前瞻。

《中国艺术年鉴2013年卷》按惯用艺术门类划分方式并结合通用年鉴体例，分为总类、艺术学、话剧、戏曲、音乐、舞蹈、曲艺、杂技与魔术、电影、电视、美术、工艺美术、摄影、书法、艺术设计、索引16个分卷。其中艺术学卷、艺术设计卷为2013年年鉴新增内容。年鉴文字达一百八十余万字。年鉴按条目体编辑，各分卷设“年度述评”、“文献文件辑录”、“专题”、“作品”、“纪事”等栏目。各卷目下设栏目，依次为：“年度述评”、“文献·文件”、“专题”、“作品”、“纪事”。“年度述评”，以专论的形式，从不同角度对年度艺术发展的诸多方面作出视野开阔、立体丰富、严谨深入的现状评价、经验总结和学科前瞻。“文件（文献）辑录”，辑录年度内文化艺术主管部门和艺术团体发布的与艺术工作相关的法规、规划、公告、通知等文件，以及重要文章、讲话。“专题”，就年度中的某些重要艺术活动、现象、话题，选编若干篇与此相关的媒体报道、采访、评论文章，对其进行全面展现。“作品”，辑录年度内各艺术门类有影响的新作或佳作。“纪事”，简要记录年度内艺术展演、评比、会议、产业、交流等类活动信息。各栏目下设类目，类目是若干相关条目的归类总称，根据各卷、各栏目所载条目的具体情况设置。

《中国艺术学年鉴》是我院与中国社会科学出版社合作出版的大型图书项目。《中国艺术学年鉴》偏重于从学科建设的角度对各艺术门类的学术成果进行总结，是与《中国艺术年鉴》有显著区别的大型工具书。鉴于我院在编辑年鉴的经验积累和工作成效，为了弥补我国系列年鉴图书中艺术学的空缺，经中国社会科学出版社与我院协商，正式签订了合作出版协议，从《2011—2013年中国艺术学年鉴》

开始，每卷计划字数在九十万左右，逐年出版《中国艺术学年鉴》。

为了满足我国文化艺术事业蓬勃发展的需要，及时传达国家文化建设的方针、政策，全面地反映我国文化艺术发展的面貌，对我国文化艺术发展的规律进行总结，我院中国艺术年鉴编辑部与文化部艺术司合作编辑出版《中国文化艺术发展研究报告》（白皮书），每卷计划字数三十万，从2014年出版试刊，拟在此基础上广泛征求意见、增进补益进行完善，从2015年正式出版《国家文化事业发展白皮书》。

为了使年鉴不断提高水平，推动我院的科研工作，增强我院作为最高研究单位对学科发展的影响力，我院的指定课题《中国艺术年度发展研究报告》要求各课题单位准时、保质完成任务，《中国艺术年鉴》编辑部负责组织实施，并对全年的研究发展报告进行编辑汇总，最终完成各课题的结项工作。

为了编好年鉴，编辑部每两个月出版一期《中国艺术信息月报》。《中国艺术信息月报》及时记录、辑录我国各艺术门类的活动、创作、演出、出版、研讨、评奖等信息，提供最为全面的艺术资讯。在《中国艺术信息月报》中，有关于作品的评论，有对当前艺术思潮现象的评论，有艺术家和批评家的观点摘录，有关于艺术发展状况的报告，等等。每期字数约十五万字。《中国艺术信息月报》目前为内部资料。

《中国建筑艺术年鉴》

主　编：王文章

副主编：王明贤　刘　托

《中国建筑艺术年鉴》是我国唯一一部关于建筑艺术及文化的大型年鉴，由中国艺术研究院建筑艺术研究所主编，建筑界、艺术界、文化界的六十余名权威专家出任顾问、出版委员会委员和编辑委员会委员，使《中国建筑艺术年鉴》成为中国当代建筑艺术及建筑文化领域最具影响的权威性年度总结。

《中国建筑艺术年鉴》记录了关于我国当前建筑艺术创作和研究的状况，发表了关于我国公共建筑、住宅、室内设计、园林、城市雕塑、城市设计、历史文化名城和古村镇保护的最新研究成果和设计作品，为人们了解建筑界动态提供全方位的信息。它既收录了中国工程院院士的论文和建筑作品，又精选发表了建筑及艺术界青年学者的研究成果和设计作品，使其兼具学术性、权威性和前沿性。同时年鉴突破传统年鉴模式，以具有前瞻性的风格展现了新时代的年鉴风貌，忠实地记录了中国建筑艺术发展趋势，成为当代建筑文化的风向标，对未来建筑艺术发展产生深远影响。

《中国建筑艺术年鉴》从2003年开始，每年编辑出版一部，其中2007—2008年、2011—2012年、2013—2014年为两年编辑出版一部，迄今已经编辑出版8部年鉴。《2013—2014中国建筑艺术年鉴》由中国建筑工业出版社2015年9月出版。本年度《年鉴》收录了2013—2014年度中国在建筑艺术、建筑文化表现中有代表性的建筑作品，以及当年建筑艺术、建筑文化研究的重要成果。主要栏目有：优秀建筑艺术作品、年鉴特载、建筑艺术研究、建筑焦点、海外掠影、建筑艺术论文摘要、2013—2014年建筑书目、2013—2014年中国建筑艺术大事记等。其中“建筑艺术研究”包括2013—2014年发表的重要学术论文，以及组织专家撰写专文。“建筑艺术论文摘要”、“建筑书目”则是2013—2014年重要的学术著作和论文摘要。这三个栏目涵盖了建筑艺术创作研究、建筑艺术理论研究、建筑艺术历史研究、城市规划与城市设计、历史文化名城与文物建筑保护、当代人居文化、当代环境艺术等内容。“建筑艺术作品”选登公共建筑、住宅建筑、城市设计、园林设计、城市雕塑、规划设计、室内设计等优秀设计作品。《2013—2014中国建筑艺术年鉴》是关于近两年中国建筑艺术及建筑文化发展的年鉴，又是当代中国建筑艺术发展趋势的记录，具有重要的学术价值和应用价值。

《中国建筑艺术年鉴》由中国艺术研究院建筑艺术研究所策划组织并编辑出版，该所作为中国建筑艺术研究领域的权威机构，侧重建筑艺术与建筑美学的基础理论和中外建筑历史的研究，并涵盖文化与自然遗产保护、历史地段与文物建筑保护、景观园林艺术、环境与公共艺术、舞台艺术等相关领域的研究。注重以文化视角审视和阐释建筑历史和当代建筑创作，关注当代中国建筑创作现状，同时致力于在建筑界与文化界、学术界与社会公众之间搭建起对话的平台和互通的桥梁，推动当代建筑艺术研究向更广领域、更深层次展开。

年鉴每年举办新书发布会和中国当代建筑论坛，这是关于建筑艺术与文化主题的大规模论坛活动，邀请我国建筑界、艺术界著名专家学者、知名建筑师参加论坛，以客观的态度对中国当代建筑艺术与文化的热点话题进行讨论、总结，并对最具有指导性和未来潮流开创精神的建筑项目投以更多的关注，鼓励社会各界以多种视角对中国建筑艺术进行深入研究，推动中国当代建筑艺术的反思和发展，在学界和社会上形成了广泛影响，具有重要的理论意义和实践价值。

纪　事

1月

11日，由我院、中国农工民主党中央宣传部、中央文化委员会、民族文化宫、中国民族画院联合主办，我院艺术创作院美术创作研究中心、《中国书画》杂志社书画院联合协办的“江山无尽——夏北山中国画作品展”在北京民族文化宫开幕。全国政协副主席、农工党中央常务副主席刘晓峰，我院副院长贾磊磊，农工党中央宣传部部长石光树，农工党中央文化体育工作委员会主任张新建，农工党中央联络工作委员会主任黄泰康，中国美术馆党委书记游庆桥，美术评论家付京生及夏北山家乡代表等参加了开幕式并为开幕式剪彩。十一届全国政协副主席陈宗兴、我院院长王文章、原文化部副部长李洪峰、中央美术学院原副院长叶毓中等领导专家到场参观了此次作品展。

17日，我院举行“汇聚正能量 抒写中国梦——文艺创作塑造中国梦座谈会”。

23日，我院马克思主义文艺理论研究所举办第32期“青年文艺论坛”。本期论坛的主题是“‘中国梦’与当代文艺前沿问题”，由马克思主义文艺理论研究所当代文艺批评中心助理研究员孙佳山主持。来自中国艺术研究院、北京大学、对外经贸大学、中国政法大学、首都师范大学、中国作协《长篇小说选刊》、《国企》杂志、《当代》杂志、中国文化报社等单位的约三十名青年学人出席了本次论坛。

2月

18日，我院电影电视艺术研究所主办了“中国梦与中国电影国际传播”研讨会。

27日，我院马克思主义文艺理论研究所和北京大学中文系联合举办的第33期“青年文艺论坛”在北京大学中文系举行。论坛题目是“春晚：新民俗与文化共同体”，这是“青年文艺论坛”首次和高校合作。论坛由我院马克思主义文艺理论研究所崔柯主持，对外经贸大学中文学院刘岩，北京大学中文系博士研究生陈欣瑶、吴可和新工人艺术团孙恒担任主讲，《北京文学》师力斌担任评议人。我院马克思主义文艺理论研究所所长祝东力，北京大学中文系党委书记、副系主任金永兵，我院马克思主义文艺理论研究所当代文艺批评中心主任李云雷，新工人艺术团王德志、许多，中国社会科学院社会学研究所卜卫，北京大学中文系部分在读学生，以及来自各高校、科研机构的青年学者以及《人民日报》、《中国文化报》、《中国艺术报》、《中国社会科学报》、陕西广播电视台农林卫视等多家媒体的记者共四十余人参加了论坛。

3月

3 日至 11 日，我院文化艺术出版社举办了编辑岗位培训工作。这是文化艺术出版社建社 34 年来首次开展编辑岗位培训工作，对出版社编辑队伍的建设和发展有重要意义。

8 日，由我院艺术人类学研究所和中国艺术人类学学会主办，外语教学与研究出版社支持的“刘锡诚先生从事民间文艺研究 60 年研讨会”在我院召开。与会学者围绕刘锡诚的学术历程、学术著述、理论观点和治学精神等方面展开探讨。

14 日，我院举行“中国艺术研究院研究生院助学基金”捐赠仪式。

14 日，我院马克思主义文艺理论研究所举办第 1 期“马克思主义文艺理论论坛”。

27 日，我院马克思主义文艺理论研究所举办第 34 期“青年文艺论坛”。本期论坛主题为“文艺与政治：意识形态去哪儿了？——以当前文艺作品为中心”。论坛由北京师范大学艺术与传媒学院陈亦水主持，中国传媒大学中国文化国际推广研究所李玥阳、我院马克思主义文艺理论研究所孙佳山主讲。

28 日，由我院、中央电视台、中央新影集团、中国民生银行主办，北京银谷艺术馆、百年艺尊（北京）文化传播有限公司承办的“百集大型人物传记纪录片《百年巨匠》新闻发布会”在我院举行。

24 日至 29 日，由我院亚太地区非物质文化遗产国际培训中心主办，柬埔寨文化艺术部承办，联合国教科文组织金边办事处协办的“以社区为基础的清单制定培训班”在柬埔寨暹粒市举办。来自柬埔寨文化艺术部、柬 24 个省负责非物质文化遗产保护的文化官员以及柬埔寨相关专业机构代表共四十余名学员参加了培训。

4月

9 日，我院院长王文章会见了前来我院调研的我国常驻联合国教科文组织新任代表张秀琴一行，副院长牛根富、我院亚太培训中心主任杨治等陪同会见。

16 日，我院在成都举办《保护非物质文化遗产公约》批约及履约太平洋岛国培训班。培训班由我院亚太中心主办，成都市文化局和成都市非物质文化遗产保护中心承办。亚太培训中心主任杨治、成都市文化局局长王进、联合国教科文组织太平洋地区办事处文化事务主管官员高桥晓等出席培训班开班仪式并致辞。培训班为期一周，于4月22日结束。

17日，我院马克思主义文艺理论研究所举办第35期“青年文艺论坛”。本期论坛主题为“移动互联网时代的文化形态”。论坛采取了圆桌讨论形式，由我院马克思主义文艺理论研究所孙佳山主持。

26日，由我院主办，我院艺术创作院美术创作研究中心、北京孔庙和国子监博物馆承办的“辟雍雅集·大美寻源——当代优秀书画家作品展”在北京国子监举办。

27日，由我院主办，北京大学考古文博学院和齐鲁书社协办的“全球化与新历史观——方李莉《中国陶瓷史》新书发布暨研讨会”在研究生楼第五会议室召开。

28日，“2014年中国艺术研究院优秀科研成果奖颁奖大会”在我院剧场举行。

5月

13日，由我院和中国马业协会联合主办的“世界汗血马协会特别大会暨中国马文化节”“马与丝绸之路”主题论坛在北京太庙大殿举行，国家主席习近平与土库曼斯坦总统别尔德穆哈梅多夫出席开幕式。论坛旨在积极推动丝绸之路经济带的发展，加强丝绸之路周边各国的友好往来，深入探讨重建丝绸之路的政治、经济及文化交流意义。

13日，我院“深圳凤凰创作研究基地揭牌仪式暨深圳文博会凤凰古村落文化旅游集聚区分会场开幕式”在深圳宝安区艺展中心隆重举行。

21日，我院马克思主义文艺理论研究所举办第36期“青年文艺论坛”。本期论坛题目为“20世纪历史与我们时代的文化——从李零《鸟儿歌唱》出发”。论坛由马克思主义文艺理论研究所当代文艺批评中心主任、《文艺理论与批评》副主编李云雷主持，由我院《艺术评论》李松睿博士，以及著名学者、剧作家、中国社会科学院《国际思想评论》杂志黄纪苏主讲。著名学者、《鸟儿歌唱》作者李零，马克思主义文艺理论研究所所长祝东力，以及青年学者三十余人参加了讨论。

27日，原开明文教音像出版社社长、总编辑张大为先生捐献中国戏曲音像资料的捐赠仪式在我院举行。

5月27日至6月2日，由我院中国非物质文化遗产数字化保护中心主办的“全国非物质文化遗产数字化保护摄影摄像专题培训班”在湖北省宜昌市举办。

28日，我院电影电视艺术研究所举办了第8期“影视大讲堂”。本次研讨会就中国当代纪录片的创作及其美学形态，以及相关的社会话题等问题展开研讨。会议主持由电影电视艺术研究所副研究员孙承健担任，中国传媒大学文科科研处处长、博士生导师、著名长江学者胡智锋和电影电视艺术研究所副研究员许婧担任主讲嘉宾，电影电视艺术研究所研究员秦喜清和青年学者贠晓明担任对话嘉宾，还有电影电视艺术研究所研究人员、中国传媒大学，以及我院硕博士研究生、访问学者等五十余人出席研讨会。

6月

6日，由我院主办的“第三届中华非物质文化遗产传承人薪传奖”和“中华非物质文化遗产保护贡献奖”颁奖仪式在我院举行。

8日，由我院戏曲研究所主办的“当代戏曲艺术理论研讨会”在我院召开。

17日至18日，由文化部主办，文化部非物质文化遗产司、中国非物质文化遗产保护中心承办的“城镇化进程中的非物质文化遗产保护论坛”在我院举办。

19日，由我院主办、梅兰芳纪念馆承办的“纪念梅兰芳诞辰120周年系列活动新闻发布会”在京举行。我院党委书记、副院长高显莉，副院长贾磊磊，梅兰芳纪念馆馆员、梅兰芳先生曾孙梅玮以及著名戏曲研究专家王安奎、贾志刚、秦华生、刘祯等出席新闻发布会。来自《人民日报》、《光明日报》、新华社、中央电视台等二十多家新闻媒体的记者参加发布会。

21日，我院召开了李希凡先生从事学术研究60周年暨《李希凡文集》出版座谈会，来自北京、山东、上海、陕西等各文学艺术界的领导、专家学者共计九十余人参加了此次座谈会。座谈会由我院副院长贾磊磊主持。

26、27日，由我院马克思主义文艺理论研究所主办的“第二届全国青年文艺论坛”在我院举行。

7月

2日，我院举行了“庆祝中国共产党建党93周年暨新党员入党宣誓大会”。院党委书记、副院长高显莉，党务副院长王能宪，副院长吕品田，副院长牛根富，副院长刘宏昌，院长助理李树峰，以及院属各级党组织全体委员，新入党的预备党员共计七十余人参加了会议。

10日，中央组织部人才工作局局长、中央人才工作协调小组办公室主任孙学玉、中央组织部人才工作局副巡视员李涛、中央组织部人才工作局四处副处长陈雷一行来我院调研。

11日，我院2014届博士、硕士研究生学位授予仪式暨毕业典礼在院礼堂隆重举行。文化部部长蔡武、副部长董伟，我院院长王文章出席典礼。

12日，由我院、中国书法家协会、中国美术馆主办的“大道书怀——中国艺术研究院中国书法院成立十周年书法作品展”在中国美术馆开幕。

15日，我院电影电视艺术研究所举行第9期“影视大讲堂”。我院副院长贾磊磊、电影电视艺术研究所所长丁亚平、北京师范大学艺术与传媒学院院长周星以及张颐武、黄式宪、苗棣、刘浩东、刘琼、赵卫防、高小健、秦喜清等来自北京师范大学、北京大学、中国电影家协会、北京电影学院、中国传媒大学、《人民日报》等相关研究领域的十余位专家参加了研讨会，另有《光明日报》、《文艺报》、《中国文化报》、《中国艺术报》、《中国电影报》、电影频道《中国电影报道》栏目等多家媒体与会。会议由电影电视艺术研究所副所长赵卫防主持。

17日，我院马克思主义文艺理论研究所举办第38期“青年文艺论坛”。本期论坛主题为“主旋律文艺生产的变迁”。论坛采取了圆桌讨论形式，由马克思主义文艺理论研究所李云雷主持，来自我院、中国社会科学院、中国作协、《当代》杂志社和中国文联的青年学者和评论家出席了本次论坛。

25日，“金石永寿——中国艺术研究院中国篆刻艺术院第三届院展暨国际邀请展”在中国美术馆开幕。

8月

9日至11日，由我院曲艺研究所和山东省济宁市人民政府主办，中共济宁市委宣传部和济宁市文化广电新闻出版局承办，中国说唱文艺学会、山东省文化馆和山东省艺术研究院提供支持，济宁市群众艺术馆和济宁市非物质文化遗产保护中心组织实施的“大运河流域曲艺学术交流展演及研讨活动”在山东省济宁市举行。

28日，由我院音乐研究所主办的“探索礼乐文明新体系学术研讨会”在我院召开。

9月

3日，由我院、俄罗斯列宾美术学院、国家外国专家局主办，我院中国油画院、我院研究生院承办的“2014中俄油画创作高级研修班开班式”暨“如见故人来——俄罗斯油画作品展”、“忘我之真——源于传统的当代意大利绘画艺术展”、“成长——陈思路、魏颖、赵舒燕三人联展”开幕式在我院中国油画院学术讲堂举行。

11日，我院2014级开学典礼在院礼堂举行。出席典礼仪式的领导和嘉宾有：我院院长王文章，文化部办公厅主任于群，我院党委书记、副院长高显莉，常务副院长王能宪，副院长、研究生院院长吕品田，副院长牛根富、贾磊磊、刘宏昌以及各学科的博士、硕士研究生导师等。

20日至21日，由我院曲艺研究所与江苏省曲艺家协会、中共扬州市委宣传部、扬州市文化广电新闻出版局联合主办，中国说唱文艺学会、中国俗文学学会和北京大学中文系协办，扬州市曲艺研究所和扬州市曲艺家协会承办的“扬州曲艺进京学术观摩展演”及“扬州评话传承发展学术研讨会”在我院和北京大学举行。

22日至23日，由我院、中华文化联谊会与中华文化总会共同举办的“第五届两岸汉字艺术节”在江苏省常熟市举行。

25日，我院马克思主义文艺理论研究所举办第40期“青年文艺论坛”。本期论坛主题为“文化新格局中的舞台艺术”。论坛由我院马克思主义文艺理论研究所孙佳山主持，中国社会科学院文学研究所副研究员陶庆梅、中央戏剧学院戏剧文学系副教授赵志勇担任主讲。

26日，莱顿教授客座研究员聘任仪式在我院艺术人类学研究所举行，我院常务副院长王能宪、文化学者刘锡诚先生、艺术人类学研究所所长方李莉以及所里研究人员、研究生代表参加了聘任仪式，聘任仪式由方李莉主持。

28日，中央民族工作会议暨国务院第六次全国民族团结进步表彰大会在北京举行，我院研究生院荣获“全国民族团结进步模范集体”荣誉称号。

10月

16日至18日，我院与欧盟文化中心合作组织共同主办的“第六届中欧文化对话”在罗马尼亚举行。

17日，我院召开“中国艺术研究院学习‘习近平总书记在文艺工作座谈会上的讲话’座谈会”，会议由我院副院长吕品田主持。

18日，由我院电影电视艺术研究所主办的“中国电影海外市场竞争策略研究成果发布暨研讨会”在北京召开。

22日，由我院主办、梅兰芳纪念馆承办的纪念梅兰芳诞辰120周年系列活动之一——“梅兰芳表演体系国际学术研讨会”开幕式在北京蟹岛国际会议中心举行。

23日，我院党委中心组在第三会议室组织学习了习近平总书记在群众路线教育总结大会上的讲话及文艺座谈会上的讲话，并展开了热烈的讨论，相互交流了学习心得。会议由院党委书记高显莉主持，党委中心组全体成员参加了会议。

28日至30日，由文化部和中国社会科学院主办，我院和中外文化交流中心承办、国家图书馆协办的“2014汉学与当代中国”座谈会在北京举行。

30日，我院电影电视艺术研究所举办了题为“陈可辛、许鞍华的内地行——香港导演的文化融合与艺术创新”的第10期影视大讲堂。本期影视大讲堂以“融合”和“创新”为关键词，结合国庆档其他电影的表现，对陈可辛和许鞍华的新作进行全面的研讨。北京大学艺术学院副院长、博士生导师陈旭光教授和我院影视所副所长赵卫防研究员作了主讲，高小健研究员、许婧副研究员、张慧瑜副研究员等参与了对话和讨论，全所在职研究人员、在读研究生也参加了会议。会议由刘乃康研究员主持。

11月

7日至17日，由我院、中国美术馆主办，我院中国油画院、山东美术馆承办的“中国写实画派十年展”在中国美术馆举办。展览汇聚了靳尚谊、陈逸飞、艾轩、杨飞云、王沂东等31位艺术家的四百五十余幅精品画作，涵盖这些艺术家的成名作品和代表性作品，以及艺术家鲜少示人的数幅写生、素描、创作稿，集中展示了该画派10年来的整体成就以及画派艺术家的个人成果。

14日，我院邀请中共中央党校党建部教授、博士生导师、中国领导科学研究会副秘书长刘炳香老师，来院作了题为“十八届四中全会决定解读”的学术报告。这是我院深入学习中共中央十八届四中全会《关于全面推进依法治国若干重大问题的决定》精神的又一举措。院党委中心组全体成员及各党支部书记、委员共五十余人参加了学习。

14日，我院与中国大百科全书出版社在我院举办了“《中国大百科全书》第三版戏曲学科、摄影学科编委会”。我院院长、中国非物质文化遗产保护中心主任王文章、中国大百科全书出版社社长龚莉、我院戏曲研究所所长贾志刚、中国大百科全书出版社副总编辑马汝军等出席了会议，我院戏曲研究所、摄影研究所和中国大百科全书出版社相关人员六十余人参加了会议。王文章院长在会上发表了重要讲话。

15日，由我院马克思主义文艺理论研究所主办的“坚持以人民为中心的创作导向——学习习近平总书记的文艺工作讲话”座谈会在院第五会议室举行。

21日，我院召开“院期刊工作交流会”，王文章院长出席了会议，会议由我院副院长贾磊磊主持，科研管理处以及《文艺研究》杂志社、《文艺理论与批评》杂志社、《美术观察》杂志社、《中国音乐学》杂志社、《红楼梦学刊》杂志社、《中华文化画报》杂志社、《中国摄影家》杂志社、《艺术评论》杂志社、《中国文化》杂志社、《传记文学》杂志社、《中国艺术时空》杂志社和《戏曲研究》编辑部的主要负责人参加了本次会议。

12月

6日，由我院主办，我院中国工艺美术馆承办，中国国家博物馆、中国工艺美术学会作为支持单位的“中国当代工艺美术双年展（2014·北京）”在国家博物馆举行。

16日，由我院主办、我院美术研究所承办的“永远的丰碑——纪念王朝闻先生逝世十周年座谈会”在北京举办。座谈会由我院副院长吕品田主持，我院常务副院长田黎明，中国美术馆馆长、我院美术研究所原所长吴为山，以及国内美术学、美学、文艺理论、文学、戏剧、舞蹈学界的专家学者，王朝闻先生的学生、亲属和媒体代表等共一百余人参加了座谈会。

16日，由我院音乐研究所、中国音乐学院音乐研究所、湖北省博物馆联合主办，中国音乐史学会、《音乐研究》编辑部和《乐府新声》编辑部协办的“庆贺李纯一先生九五华诞学术研讨会”在北京亚奥国际酒店举行。纯一先生及家属、国内音乐学界学者、媒体代表、硕博研究生等参加了会议。

17 日，由中国国际问题研究院与韩国国立外交院主办的“第二届中韩国家政策研究机构联合战略对话”在北京举行。我院青年学者参加了会议，中韩双方学者就“提升新形势下的中韩政治安全合作”、“落实中韩经济合作顶层设计，引领东亚区域经济一体化 ”、“深化人文交流，发展成熟的中韩战略合作伙伴关系”等议题进行了探讨。

24 日，由我院音乐研究所主办的系列学术活动——“惠新讲坛”举行，本次讲座的主题为“声学技术在音乐考古研究中的应用”，主讲人为冯卓慧。

27 日至 29 日，我院曲艺研究所发起组织的第五届“中国曲艺团长高峰论坛”举行。